家庭美育丛书
主编 侯 令

亲子从
家庭美育
做起

QINZI CONG
JIATING MEIYU
ZUOQI

侯令 著

西南师范大学出版社
国家一级出版社 全国百佳图书出版单位

图书在版编目（CIP）数据

亲子从家庭美育做起 / 侯令著. -- 重庆：西南师范大学出版社，2019.7
（家庭美育丛书）
ISBN 978-7-5621-9883-3

Ⅰ. ①亲… Ⅱ. ①侯… Ⅲ. ①美育 – 家庭教育 Ⅳ. ①G78

中国版本图书馆CIP数据核字(2019)第131808号

家庭美育丛书
主　编：侯令

亲子从家庭美育做起
QINZI CONG JIATING MEIYU ZUOQI

侯令 著

责任编辑：	王正端
整体设计：	郭宇飞　王正端
出版发行：	西南师范大学出版社
地　　址：	重庆市北碚区天生路2号
邮政编码：	400715
网　　址：	http://www.xscbs.com
电　　话：	（023）68860895
传　　真：	（023）68208984
经　　销：	新华书店
排　　版：	重庆大雅数码印刷有限公司·黄金红
印　　刷：	重庆康豪彩印有限公司
成品尺寸：	210mm×225mm
印　　张：	6
字　　数：	155千字
版　　次：	2019年10月 第1版
印　　次：	2019年10月 第1次印刷
书　　号：	ISBN 978-7-5621-9883-3
定　　价：	45.00元

本书如有印装质量问题，请与我社读者服务部联系更换。
读者服务部电话：（023）68252471
市场营销部电话：（023）68868624　68253705

西南师范大学出版社美术分社欢迎您赐稿。
电话：（023）68254657　　68254107

写给家长朋友们

侯令

家庭美育,是2015年国务院颁发的《关于全面加强和改进学校美育工作的意见》(以下简称《意见》)中提出的一项重要任务,它关系到我国每个家庭精神文明的建设,关系到国民素质的整体提高。家庭美育是学校美育、社会美育"协同机制"中的组成部分,它对学生树立高尚的审美情操,提高审美和人文素养,具有不容忽视的积极作用。

为了更好地宣传国务院《意见》精神,我们特地策划和编撰出版了这套"家庭美育丛书",奉献给广大的家长。希望家长能够认真学习国务院《意见》,提高对美育的认识,对如何实施家庭美育有个初步的规划,把家庭美育落到实处,让孩子在家庭中就能感受到良好的美育氛围。

参加丛书编写的有高校和中小学经验丰富的美术教师,也有校外优秀的美术教师。为了能及时宣传《意见》的精神,大家都在极其紧张的工作之余,抽出宝贵的休息时间为丛书进行教学探索、调研、撰稿。我们共同的愿望是:通过丛书和家长进行真诚的沟通,力求把美育工作、美术教育改革的成果介绍给家长,让家长对《意见》出台的背景有更深刻的认识。丛书有对美育理论的介绍,也有对家长遇到实际问题的解答。同时,在丛书中我们也都会把自己从事多年美育工作的经验毫无保留地奉献出来,和家长一同分享。我们真诚地希望,这几本小册子,能够在多方面展现我国美术教育的最新成果,帮助家长提高对家庭美育的认识和学习实施家庭美育的方法。

让家庭美育走进千家万户

当家长拿到这本书的时候,我特别希望大家阅读时注意以下几个问题。

一、认识美育进入了新的历史时期

近几年,党中央、国务院、教育部等部委接二连三地下发文件,强调了美育的重要作用。特别是习近平总书记的"要全面加强和改进学校美育,坚持以美育人、以文化人,提高学生审美和人文素养"(2018年9月10日在全国教育工作会议上的讲话),"美术教育是美育的重要组成部分,对塑造美好心灵具有重要作用"(习近平给中央美术学院老教授的回信),表明我们国家的美育开启了一个新时代,它将走进千家万户,每一个中国公民都要满怀激情地打开家门,和孩子一道认识美育,享受美育,探索如何实施家庭美育。

二、认识家庭美育的重要性

家庭美育及其重要意义被写到国务院办公厅的文件中,还是第一次。本书提示家长到了该反思自己在家庭美育中到底做了哪些工作的时候了。第一,家长是孩子的第一任教师,你如果意识不到家庭中应当实施美育,你就不算是一个持有"教师合格证"的家长!第二,文件提出2020年要实现"学校美育和社会家庭美育相互联系的具有中国特色的现代化美育体系"。希望家长抓紧时间,赶快行动起来,不要让你的家庭在2020年家庭美育还是一片空白!

三、如何实施家庭美育

本书有很多的实例,介绍了一些家长在家庭美育中的成功案例。家长应当对实施家庭美育有一个初步的构想:从房间的布置开始,还是从带孩子旅游开始?从去博物馆开始,还是从看画册、读书开始?每个家长都可以根据家庭的实际情况做一个规划。家庭美育是在家庭的空间内进行的,或者是家长带领孩子走到大自然或博物馆进行的,千万不要以为把孩子送到少年宫,就完成了家庭美育的任务。

四、家长审美素养的提高是实施美育的关键

家庭美育是良好家风的具体体现。正如在北京中华世纪坛举办的"中华家风文化主题展"展览前言指出的,"中华家风即为中华优秀文化的重要组成部分"。没有良好的家风,就没有家庭美育。有了家庭美育,家风才有丰富的内涵。

真正实施家庭美育的关键在于家长,家长的素养决定了家庭美育的质量。本书提出了家长的学习是至关重要的,所以,向家长推荐了一些书,建议家长在工作之余多读书,多参加一些活动。只有家长真正行动起来,孩子才能享受到家庭美育的成果:情操高尚、富有创造力、心理结构完善。而家长的艺术素养也随之提高,家庭生活才更有品位和审美情趣。

希望本书,能有助于家长在实施家庭美育方面,迈出坚实的一步!

目录

01 / 壹
什么是美育？ 002

02 / 贰
什么是家庭美育？ 015

03 / 叁
他们缺失的是什么？ 029

04 / 肆
家长为什么要提高自身素质？ 037

05 / 伍
家长为什么要多参加一些活动？ 049

06 / 陆
家长应当读一些什么书？ 058

07 / 柒
如何认识社会美和自然美？ 071

08 / 捌
家长如何提高美术欣赏水平？ 082

09 / 玖
懂得美术的家长如何进行家庭美育？ 096

10 / 拾
如何提高孩子的人文素养？ 105

01

什么是美育？

壹 什么是美育？

2015年，国务院办公厅发布了《关于全面加强和改进学校美育工作的意见》（以下简称《意见》），强调在中小学和家庭开展美育的必要性。在《意见》中，对美育的界定，和以前的文件相比，有一个较大的变化，即强调美育不只是审美教育，还是情操教育和心灵教育。这是一份全面认识美育内涵、职能与实施的指导性文件。

一、什么是美育？

"美育"是指审美和教育的结合，运用审美的方式实施教育，以提高人们的审美感受力、审美创造力及审美情趣，促进其人格的完善以及全民族整体素质的提高。

在以往有关美育论述中，不少学者都指明美育就是审美教育。例如，"审美教育又称美感教育，简称美育"①。

但是，《意见》指出，"美育是审美教育，也是情操教育和心灵教育，不仅能提升人的审美素养，还能潜移默化地影响人的情感、趣味、气质、胸襟，激励人的精神，温润人的心灵"。这话说得多好！它比以往我们常说的审美教育，多了"情操教育"和"心灵教育"，这是对美育更深刻的理解。（图1-1）

当我们意识到美育也是"情操教育"和"心灵教育"时，必须明白，美育本质上是提升人精神境界的教育，它会使人懂得文明，学会生活，坚韧不拔，有着高尚的审美品位。绝不是让我们的孩子通过美育，仅仅学会穿衣打扮，学会装修房间的色彩搭配这些技能。美育，意味着更高的精神追求。就像《意见》所讲的，它能"影响人的情感、趣味、气质、胸襟，激励人的精神，温润人的心灵"。（图1-2）

家长应当了解什么是美育，只有这样才能更好地担负起家庭美育的重任。在家庭教育中，如果没有美育，就不是一个完整的家庭教育。要想做到这一点，家长还应当了解一些有关美育的知识，从提高自身的素质做起。

二、美育是谁提出来的？

美育是德国的席勒首先提出来的，他是一个诗人、戏剧家、美学家。他在1787—1796年期间，用了近十年时间专门研究历史和美学，出版了论述人类审美教育的《美育书简》一书，提出了美育。他认为，人是自然的人，但又是理性的人，理想的人格是感性和理性的结合。这就是"优美的灵魂"，而造就"优美的灵魂"，就是通过审美教育，也就是美育

---

① 戚廷贵：《美学：审美理论》，长春：东北师范大学出版社，1989年版，第410页。

图1-1
天安门广场的升旗仪式,让成千上万的人在仪仗队的整齐划一的美感中,感受到"东方太阳,正在升起,人民共和国正在成长"这句歌词给予我们的力量和信心。审美也是提升人精神境界的教育!

图1-2
一场高品位的音乐会,带给我们的不只是美的享受,也是精神上的一次升华。

才能实现。"如果要把感性的人变成理性的人,唯一的途径是先使他成为审美的人。"①(图1-3)

以往的审美理论,属于美学的研究范畴,即哲学的领域,研究的是"美的本质""美的客观性""经验本质""知觉""意识"等一类哲学的问题。美育的提出,是把美学的理论用于实际之中,让它在育人的过程中发挥作用,不再是书斋式的理论研究,而让它从此和教育结合起来,从而在美学史上和教育史上书写了新的一页。

图1-3
席勒(1759—1805)德国著名的诗人、戏剧家、美学家。他在《美育书简》一书中,提出了审美教育。

我国的教育家蔡元培(1868—1940)在民国时期就提出"美育代宗教说"②,"美育者,应用美学之理论于教育,以陶养感情为目的者也"③。蔡元培把美育的道德作用和宗教相提并论,足以显现他对美育的重视。而且,他也看到美育的本质特征就是情感性,不是单纯的理论研究。(图1-4)

1949年新中国成立后,美育在很长一段时间内没被写进教育方针里。改革开放以后,我们国家提出了"五讲四美"("五讲"指讲文明、讲礼貌、讲卫生、讲秩序、讲道德,"四美"指心灵美、语言美、行为美、环境美),它是精神文明建设的一个组成部分。实质上也是针对"文革"带来的道德滑坡,提倡"美育"的一种表现。随着我国教育事业的发展,越来越多的人认识到美育不能偏废,许多艺术家联名向中央呼吁加强美育,直到1986年在第六届全国人民代表大会第四次会议《关于第七个五年计划的报告》中终于出

---

① 席勒:《美育书简》,北京:中国文联出版公司,1992年版,第45页、第46页。转引自高荆梅,马蕾:《大学美育》,西安:西北工业大学出版社,2017年版,第33页。
② 高平叔:《蔡元培教育论著选》,北京:人民教育出版社,2017年版,第88页。
③ 同上,608页。

图1-4

北京大学里有一座蔡元培的雕像，被浓密的树林包围着，显得格外庄重。站在这座雕像前，使人不禁想起蔡元培先生的教育主张：以美育代宗教。

2019年6月23日，一些师生怀着崇敬的心情列队向蔡元培先生的塑像敬献花束，缅怀他对我国美育所做出的贡献。场面十分感人。

现了"美育"一词，此后"美育"又被重新列入教育方针中。

  这次《意见》的颁布，是新中国成立以来，第一次对美育及实施作了更加全面的论述与部署，代表了我国美育最新的理论研究成果，体现了国家对"一代新人"寄予的殷切希望，具有强烈的时代感，和我们每一个家庭的命运密不可分，和每位孩子的健康成长密不可分。

三、如何理解美育也是"情操教育"和"心灵教育"？

  美育用美的艺术形象感染人，能产生积极向上的精神力量，这正是美育的重要特点，也是它在育人方面的一个优势，对青少年教育来讲更是如此。

  美的艺术形象，可以是山水画中的祖国大好河山，也可以是戏剧中难忘的人物形象。一首歌颂爱情的交响诗、国画中的花鸟、书法中苍劲有力的字体，都可以帮助我们深刻地认识艺术美，激起我们美好、向上的情感，让我们受到生动的思想教育。

  对这些艺术形象的欣赏，一般都要经过两个阶段：第一个阶段是从艺术语言上欣赏，第二阶段是从艺术作品表达的主题和思想情感上理解。当然，对许多人来讲，看不出那么多的艺术语言的奥秘，却被塑造的形象所打动直接迈进第二阶段，这是很普遍的一个现象。

  以罗中立的《父亲》（图1-5）这幅作品为例。可以从作品暖暖的色调，巨大的画幅，以及对形象精细的刻画上欣赏。业内人士一看此画，就会感到罗中立有着良好的素描功底，明白作品运用的是20世纪中期在美国流行的画法，名为"照相现实主义"画法。"文革"后，年轻的罗中立第一次用了这样的画法，表现一个中国农民的形象，大获成功。这

罗中立 《父亲》

图1-5
对多数观众来说，罗中立的《父亲》之所以能被历史所接受，是因为大家早已超越美术技能的欣赏层面，《父亲》的形象早已成为善良、勤劳的中国农民的象征。

是从构图、明暗、色彩、画派等美术语言上进行欣赏。

  如果我们透过这精细的描写，看到画中的父亲脸上无数的皱纹、干裂的嘴唇，以及手上厚厚的老茧，就会想到天底下有无数的父亲为了一家老小长年在田间辛勤劳作，或是劳累在城市建设的工地上。这时，我们就会想到罗中立的创作和他在农村插队十年有关，正是十年的农村生活，他深刻地认识到中国农民的朴实，建立起了"农民"和"父亲"之间的关联。这样的认识，通过画家创作的《父亲》打动了无数的观众，就连一些自己的父亲不是农民的观众，也久久地伫立在画前，回忆着父亲的形象。他们在欣赏活动中，更多地想到父爱——人世间一种伟大的爱，想到身边无数这样的父爱。在2017年父亲节期间，中国美术馆举办了"四川美术学院作品展"。《父亲》又被悬挂在中央大厅的正中，引来许多中老年观众前来观赏，竞相和它合影留念，场面十分感人。这时，人们对《父亲》的欣赏早已从审美的层面，从对艺术语言的欣赏层面，升华到情操教育和心灵教育的层面。《父亲》的形象成为一种精神的象征，产生了感人的力量。

  观众与之合影，反映了无数儿女对父辈的怀念，也有对中国亿万农民的崇敬之情。《父亲》早已成为激励我们不忘养育之恩的典型形象。它从美术的色彩对比之美、人物形象的刻画精细之美、突出主体的构图之美，上升为激励我们前行的精神力量。因为《父亲》的形象打动了我们，激起了我们内心深处的怜悯、敬仰等复杂的情感。这正是美育的一个重要特点，即它能"陶冶情感"。这时的欣赏就进入了第二阶段，即从艺术作品表达的主题上探讨，我们的思想情感得到升华。

四、美育的职能是什么？

美育的职能是育人。

很多家长一谈到美育，马上想到的就是去少年宫学画、学乐器，以学到一门技术为美育的职能。这真是美育的职能吗？

美育是一个容量很大的概念，艺术教育的确是它的重要内容，我们的幼儿园、中小学进行美育就是从艺术学习开始的。但是，美育和艺术教育不能画等号，艺术教育只是美育的一个组成部分。美育除了学习必要的艺术技能之外，还有教育的职能。我们必须全面地看待美育的职能，至少应当知道它有以下基本职能：

（1）审美教育，包括审美形态教育和美感教育。①

（2）培养敏锐的感知能力、培养审美接受能力和培养美的创造能力。②

（3）个体审美发展主要包括三个方面的内容，即审美态度、审美直觉感兴力和审美趣味。③

从以上几句论述中，我们能够看出几位美学家的论述角度有所不同。滕守尧把美育的职能概括为两大部分；戚廷贵从能力培养出发进行论述，目标很具体；叶朗则从个体审美发展上认识审美的职能。但总的来看，学者们说的职能还是着眼于人在审美能力的提高、审美品位的提高。一句话，他们都在致力于人的心理结构的完善。这就意味着美育将伴随着人的一生，是一项永远不能完结的教育。人的一生在不同的阶段都在接受美育，从胎教开始直到生命的最后一刻，一直都应该在接受美育的路上。

---

① 滕守尧：《审美心理描述》，成都：四川人民出版社，1998年版，第320页。
② 戚廷贵：《美学：审美理论》，长春：东北师范大学出版社，1989年版，第419页。
③ 叶朗：《现代美学体系》，北京：北京大学出版社，1988年版，第354页。

本书后面的几个章节,就围绕着这些问题和家长深入探讨。

孩子通过美育,会接触到我国优秀的传统文化,接触到世界多元的文化,他们的眼界会变得宽广,情趣变得高雅,能够分辨生活中的美与丑。美育绝不是只让孩子学到一些必备的艺术技能。我们必须着眼于和艺术紧密相连的文化、历史、地理、民族、民俗、宗教等,看到艺术语言背后的东西。(图1-6、图1-7)

图1-6
我国的汉砖上,有着极其丰富的纹样。仅从这一小小的天地之中,我们就能感受到先民的创造性。

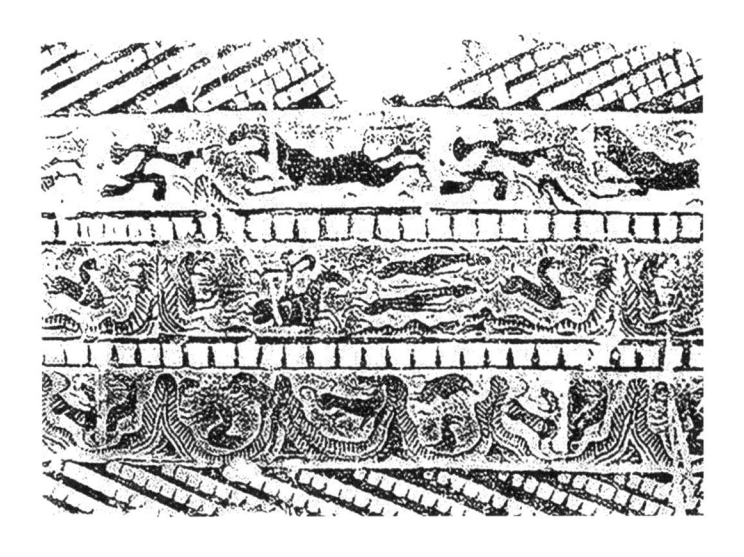

图1-7
我国许多地区，不仅风景优美，还有众多历史遗迹、名人的雕像和有关的传说。当家长带孩子去旅游时，面对着这些遗迹或雕像，一定要给孩子讲述它们背后的历史故事，这是提高孩子人文素养的重要途径。

　　当孩子伫立在天安门广场时，不只是感到它的宽广、明亮，还会想到第一面五星红旗在这里的升起，一种爱国的情怀油然而生；当他们漫步在美丽的西子湖畔时，会想到无数的历史人物和爱情故事，岳飞、秋瑾、苏东坡、白居易、白蛇传……他们带给我们的或是气壮山河的英雄气概，或是对凄美爱情的赞颂。美育绝不是一个只是学习美的色彩、美的造型、美的形式语言的教育，而是有着深刻的人文内涵、文化品位的教育。正如李一凡在《西湖美学札记》一书中指出的："审美是典型的人文现象。审美关注的是对象的特殊意义，并且与人相关联。人在审美中不是一种科学认识论的思想状态，而是一种体验性的解读状态,一种在直观中感悟、在体验中投入的状态。事物的特殊性、形象性、情感性、社会性、活力性、想象性等才是引起人们兴趣的东西。"[1]

审美与人文是如此紧密地联系在一起,让我们的孩子通过艺术更深刻地体验到历史的变迁以及人世间的各种社会现象,这对培育他们的人文情怀,涵养他们的人文精神,具有不可估量的作用。(图1-8)

图1-8
为了纪念反对封建主义斗士秋瑾(1875—1907),杭州西湖边上建起"风雨亭"。"风雨"二字取自秋瑾在临刑前的绝笔"秋风秋雨愁煞人"。

---
[1] 李一凡:《西湖美学札记》,杭州:浙江大学出版社,2015年版,第61页。

02

什么是家庭美育？

贰 什么是家庭美育？

家庭美育在早些时候的美学书籍中曾出现过，这次在官方的美育文件《意见》中提及，还是第一次。

《意见》有两处提到家庭美育。一处是："到2020年，初步形成大中小幼美育相互衔接、课堂教学和课外活动相互结合、普及教育与专业教育相互促进、学校美育和社会家庭美育相互联系的具有中国特色的现代化美育体系。"另一处是："加强对家庭美育的引导。"我认为，这两段话有三层意思。

一、家庭美育是具有中国特色的现代化美育体系的重要组成部分

把家庭美育纳入我国学校美育、社会美育，构建"相互联系的具有中国特色的现代

化美育体系",将大大地提升家庭美育的社会地位,让更多的家长认识到家庭美育的重要性。

"一个人的一生,有很大一部分时间是在家庭中度过的,家庭的环境特点、风格、情调、气氛,对家庭的每一个成员的思想、情趣、性格都有很大的影响。""一般来说,家庭美育包括家庭精神氛围的影响和家庭物质方面的美化。和睦、温暖的家庭是美育的前提,也是形成心灵美、语言美和行为美的条件。"① 戚廷贵这两段话虽然带有鲜明的时代烙印,但是准确地表达出家庭美育的意义和特点。(图2-1、图2-2)

如果家长对此认识不足,没能承担起家庭美育的重任,孩子在学校和社会受到的美育有可能在家庭中被抵消,使美育成为家庭教育的空白。

我国自古以来就非常重视家教。很多的家族都有自己的家规,写成条文,张贴在村道、门道等醒目之处,以求族人遵守,受众人监督。其中,重视家庭的文化教育是一个普遍的特点。那时的家长虽然没有太多的文化,但很重视对子女的教育,期望着孩子能光宗耀祖。元代画家王冕,小时候家庭条件并不好,因为有支持他学习画画的母亲,最终促使他成为一个著名的画家。他和许多书画名家的成长经历,都说明家长在美育方面的支持是非常重要的。(图2-3)

教育部在2015年颁发的《关于加强家庭教育工作的指导意见》指明了家庭教育工作的意义:"家庭是社会的基本细胞。注重家庭、注重家教、注重家风,对于国家发展、民族进步、社会和谐具有十分重要的意义。家庭是孩子的第一个课堂,父母是孩子的第一任老师。家庭教育工作开展的如何,关系到孩子的终身发展,关系到千家万户的切身利益,关系到国家和民族的未来。"这段话点明了家庭教育的重要意义:"家庭是孩子的第一个课堂,父母是孩子的第一任老师"。如何为孩子营造一个良好的美育学习氛围,就显得十分重要了。

---

① 戚廷贵:《美学:审美理论》,长春:东北师范大学出版社,1989年版,第432页。

图2-1
舟山群岛六横岛上的一居民家中，客厅和每个房间里都悬挂着小孙女的美术作品。这既是对孩子的一个很大的鼓励，又美化了居室，营造了艺术氛围，值得提倡。

图2-2
陕西老陶工的家。虽然住在窑洞里，没有悬挂艺术品，但是窗明几净，墙上挂着全家福照片、儿子在部队的照片、女儿在城里的时尚照片，也另有一番美感。

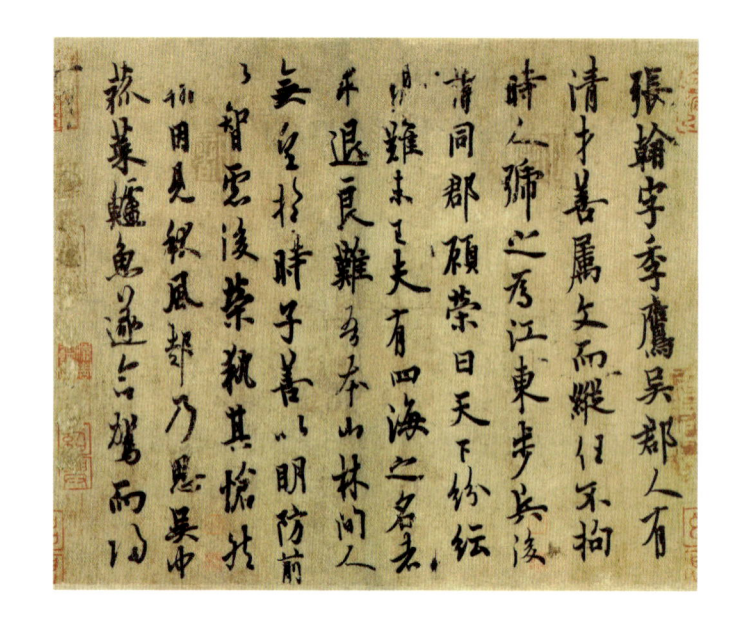

图2-3
唐代大书法家欧阳询，自幼丧父，家境贫寒。因为有良好的家教，在母亲的影响下，刻苦学习，终成书法大家。这是他的行书《张翰帖》。

如果家长一天到晚只知道忙着工作，回到家里只顾打麻将、吃喝、训斥家人，怎么可能给孩子创设一个良好的美育环境？

二、什么是"现代美育体系"？

《意见》提出了"现代美育体系"。体系，就意味着"若干有关事物或某些意识互相联系而构成的一个整体"（《现代汉语词典》）。现代美育体系是由学校美育、社会美育和家庭美育组成的，它们是一个整体。这个整体意味着各部门在美育的协调一致下，为孩子的健康成长创造良好的美育环境。我们应当保证孩子生活在一个良好的美育环境中，否则,一些不良、低俗信息就会乘虚而入。

现代美育体系首先是要保证学校美育的顺利实施,开设美育课程,优化校园环境,用孩子喜闻乐见的形式开展美育。学校是孩子接受美育的主渠道;社会美育是孩子在课余时间接受美育的重要渠道(图2-4),校外艺术教育、文化部门针对孩子举办的各种音乐会、剧目演出、夏令营等都会使孩子受益;家庭美育,主要是在家庭内部进行的美育。家长的修养、家庭的氛围、家庭的陈设,都有文化格调的高低之分,是家庭美育最形象的体现。家长应当努力精心打造家庭生活的每个细节,让孩子从小就能有一个高品位的家庭美育环境。

图2-4
大运河流经杭州市的塘栖镇,有着运河上的唯一一座七孔桥和御题码头。小镇的民居、店铺的招幌,都散发着一股浓浓的幽古之情。

三、如何做才是对家庭美育"加强引导"？

加强对家庭美育的引导，首先是加强对家长的引导，其次是对学校和社会机构的引导。

在家庭美育中，家长必须认识到：
（1）家庭美育的重要意义。
（2）家庭美育贯穿在日常生活之中，具有常态化的特点。
（3）父母是实施家庭美育的主要角色，提高自身素质是实施家庭美育的必要前提。

但是，一些家长没有在提高自身修养、营造家庭美育氛围上下功夫，而是认为自己不懂艺术，把孩子送到少年宫学习，自己的任务只是接送孩子，积极地配合老师的要求，这就是实施了家庭美育。严格地讲，这还不是真正意义上的家庭美育。少年宫的艺术教育属于社会美育，家长不能把送孩子去少年宫学习视为实施家庭美育，而放松对自己的要求。再说，艺术教育只是美育的一部分，不等于家庭美育。

如果家长把送孩子去少年宫学习看成是家庭美育的一个组成部分，那么，他应该立足于家庭美育，从以下几个方面做起：
（1）积极支持孩子去少年宫学习。
（2）参加少年宫的讲座。
（3）参加少年宫组织的游学活动。
（4）努力提高自身的艺术与文化修养。

能够做到这几点，说明家长并没有放弃自身的提高，他们能正确地看待家庭美育与社会美育的关系。为什么这样讲？因为他们把积极参与和支持少年宫的工作与自身提高结合了起来。

下面的两种"新气象"就是典型的事例。

"新气象"一：有的少年宫在孩子每次绘画学习活动将要结束之际，把家长请到教室，目的是让家长听听老师和孩子对作品的评价。在这里，家长不只是看到自己孩子的作品，还能看到其他孩子的作品，并且能看到自己孩子的作品处在什么样的水平，而且能听到孩子和老师的评价，让家长收获很大。这样的评价环节，是课程改革以来的新气象，家长应当尽量参加。（图2-5）

图2-5
美术课结束后，很多家长都爱参加老师的讲评活动，他们从中学习到不少美术教育的新理念。（关勇提供）

"新气象"二：现在，一些中青年家长自动地建起家长微信群，接孩子下课时就顺便拍下许多孩子的作品，把它们发到群里，然后写上简单的评语。有时，家长还没到家，群里就对老师的教学和孩子的作业，展开了激烈的讨论，老师看了也非常高兴。微信加快了信息的流通，也产生了一种新的评价方式，吸引越来越多的家长参与，值得提倡。

80后家长渐渐成为家长群的主体，他们大多数人有较高的学历，在教育观念上比起自己的父辈们要强许多，对美术教育的认识也不只是看孩子的作品画得像与不像。他们知道提高审美和人文素养的重要性，鼓励孩子创新，经常带孩子去旅游，给他们买一些绘本和书籍。即使孩子画得不好，或者过一段时间退出了美术班，他们也不认为"白交钱了""白学了"，因为他们懂得尊重孩子的意愿，懂得根据孩子的爱好重新选择他们的学习内容。我们寄希望于这样的家长，他们并没有把教育孩子的责任推给少年宫或美术班，而是不断提高自己，不断地接受新事物，这才是实施家庭美育的正确态度。

游学是近年来出现的一种新的学习方式，受到了教育部的肯定。游学是指学生利用寒暑假离开自己熟悉的环境，到国内或国外进行学习和游玩。各地少年宫，也纷纷组织学生进行多种形式的游学。对学习绘画的学生来讲，通过到另一个全新的环境写生、走访，在学习之中体验人生，感受文化的差异，对提高自己的观察能力和创作能力，是大有益处的。所以，如果少年宫组织孩子游学，家长应尽力给予支持，给孩子一个独立生活的机会，给他们一个与大家同行的机会。即使孩子在路上会遇到一些困难，也不要轻易地放弃这样的机会。相信在老师的带领下，许多问题都会迎刃而解。

家庭美育有它的优势，这就是它的"在场性"和"即时性"，即直接呈现在家长

图2-6
当一家人漫步在街头,面对着城市的照明工程可以让孩子谈谈看法。你喜欢这样的装饰吗?你要是市长准备如何扮靓咱们的城市?

和孩子面前的事物和事件,只要与美育有关,随时随地都可以被用作美育的素材(图2-6)。家长可以把休息日、孩子睡觉前、散步、看电视、看画展等许多零碎的时间利用起来和孩子交流,进行美育。

在超市里看到儿童牙膏的几种包装,问问孩子喜欢哪个,说说理由。

服装店里的服装色彩搭配,请孩子讲一讲最喜欢哪一款。

看完电影或电视剧,让孩子评论一下,主角演得好不好。

电视公益广告是否有创意,问问孩子,要是你来拍怎么表现。

参观画展,请孩子谈谈哪张作品印象最深,为什么。

图2-7
"书圣"王羲之的墓地在浙江省嵊州市。每年总有许多家长带孩子过来,给他们讲有关王羲之的故事,让孩子对中国的书法史有一些初步的了解。

带孩子参观新建的大楼,请孩子用语言对它们进行描述。

这些活动,既可以养成孩子爱观察、勤思考的习惯,又可以提高他们发现美的能力。家庭美育要充分发挥"在场性"的优势,捕捉新的信息,及时进行美育。

重视"在场性",并不排斥家庭美育有计划地进行。有品质的家庭美育,应当有一个大体的计划:读什么书,到哪里旅游(图2-7),去哪个游乐场玩耍,拜访哪些艺术家或民间艺人,看什么画展,家长要根据孩子的年龄和学习的需要,制订计划。

（1）让孩子在大自然中认识自然美，在旅游中认识家乡和祖国的山河之美（图2-8至图2-11），有条件的家庭带孩子到国外旅游，让他们感受不同地域的人文风情之美，这些都是很重要的美育活动。

（2）让孩子读一些古今中外的文学名著，看一些美术史的画册，领略人文之美。

（3）带孩子走进博物馆欣赏中外优秀的美术作品，走进音乐厅欣赏高雅的音乐。

（4）生活在农村的孩子，通过传统的节庆活动感受节日的喜庆之美（图2-12），通过走访本地的历史遗迹，领会深刻的文化内涵之美。他们在上学的路上，学会接触大自然、欣赏大自然，领略四季之美、山川之美，也是美育的一个重要内容。

这么看来，在家庭美育中，该做的事真是太多了！

图2-8
许多生活在农村的孩子，也许没有太多的机会去旅游，但是家乡平和、宁静的生活会令他们终生难忘，对提高他们的审美和人文素养，有着不容忽视的影响。

图2-9
胡杨树粗壮的枝干，展示出其顽强的生命力，经朝历代，赢得了无数艺术家和诗人的赞美。这是一些北方孩子常见的壮美景色。

图2-10
高速公路在孩子家乡的土地上，画出了一道道美丽的弧线，让绿油油的农田更加富于生机，充满了时代的美感。

图2-11
即使是一片最普通的田野,只要是孩子从小生活的家乡,也是值得赞美的。

图2-12
在广东番禺,自从纪念古代爱国将领——康公的仪式被列入"非遗"项目之后,村民们每逢春节都要走上街头舞龙舞狮,表达对康公的敬意。

03

他们缺失的是什么?

叁 他们缺失的是什么？

1992年我去武汉讲课，我的座位对面是一位美籍华人教授。他原是北京地质大学的研究生，后来到美国攻读博士学位，并进博士后流动站后被留在美国的一所大学教书，这次陪他的导师来华进行交流。

我们一路上聊天，当他知道我是小学美术教师时，很感慨地说："我上小学的时候正赶上'文革'，没上过美术课，对美术'一窍不通'。起初，我对此无动于衷。但当我读完博士，实现了多年的梦想后，我在美国看到的一种现象却深深地刺激了我。"原来，每逢周末，美国的学生都爱去博物馆欣赏艺术作品，回来还兴奋地谈论着那些艺术作品。而中国留学生，周末总要聚在一起，互通有无打工的信息，或者留在校园读书。时间一长，他意识到自己一定是缺失了什么。他还对我说："我现在虽然是博士后，专业也很有成就，但是，我知道自己不懂艺术，这总是一种缺失，在艺术面前，我知道自己受的教育

不完整。"（图3-1）

　　这位华人教授到底"缺失"了什么？在一般人看来，在美国的名校里完成博士后研究又被留校任教，还有什么可缺失的？可是，这位华人教授能够清醒地意识到自己的缺失，是从一个更高的层面看待自己。他是一个有知识的人，觉得自己所受的教育是"不完整"的教育。其实，他缺失的正是审美能力的培养。这就造成有的学生尽管在智育方面有着很突出的成就，但是在美育方面有些欠缺，缺少最基本的艺术审美能力，不懂得如何欣赏一幅美术作品。（图3-2）

图3-1
热爱中华优秀的传统文化，热爱世界优秀的文明成果，应当被视为一代新人最基本的人文修养。

图3-2
在一些世界著名的艺术博物馆里，有许多优秀的艺术作品，家长应该学习如何欣赏艺术作品，提高自己的艺术素养。

前几年，一批中国中小学校长，在美国培训也经历了一些类似的情况。在周末，美方安排他们到纽约大都会博物馆参观，面对着那些艺术品，这些校长们感到茫然，不知道应当如何欣赏这些艺术品，不知道它们到底好在什么地方。有的校长开始认识到自己的不足，他们特别希望有人能告诉他们该如何欣赏这些艺术作品。但也有一些校长仍觉得索然无味，竟然在展厅中央的椅子上睡着了。看来，欣赏艺术作品也是一些校长的"缺失"。

类似这样的例子在一些家长中就更多了。很多家长感到自己缺少点儿"艺术细胞"，把孩子送到少年宫和美校，希望孩子不要像自己一样成为画家吴冠中所说的"美盲"。他们希望孩子能接受更多一点儿的美育，从小就会审美。

他们的经历都说明一个问题，因为没有接受过良好的美育教育，没有接受过系统的艺术教育，就会在博物馆的艺术作品面前感到茫然，就会在生活中不那么自信（连买件衣服都要找个"参谋"帮忙挑选，装修房间不能确定总体的色调），就会造成人在精神上的"缺失"。无论是从马克思的人的全面发展理论上看，还是从健全人格的心理结构上看，这一现象都是值得研究的。（图3-3）

一个健全的人格，应当具有三种心理结构：认知结构、伦理结构、审美结构。

认知指的是建立逻辑思维模式，培养人的理性思维；伦理指的是建立道德规范，造就有伦理的人，有道德的人；审美造就审美的人，这是美育的主要职能。这三者缺一不可，是构成一个完整人格的心理结构。因为美是真善美的统一，美育具有完整性、和谐性的特点，有助于创造心理的形成。特别是它的无功利性，具备"跨越生死，不计利害的道德实现的可能性"①，使它有利于认知结构和伦理结构的建立。只是许多人总是把认知和伦理看得很重，没有想到美育的作用。前面说的华人教授也好，校长也好，家长也好，他们就是这样，缺失的都是美育。因为，论知识，他们懂得的都不少，但是在美的面前他

---

① 赵洪恩：《美育与人格的塑造》，《教育研究》，1996年第6期。

图3-3
孩子通过美育活动能够发现美，积累美感经验，继而学会欣赏美、创造美。别以为他们的"胡涂乱抹"是没有用的，实际上，这正是对美的探索的开始。

们感到困惑,缺少自信。就是因为美的缺失,他们感到自己的不足,应当说,这是一个极有价值的发现。

美学家们都把建构人的审美心理结构作为美育一项最重要的任务,这也是家庭美育最重要的任务。一方面,我们要通过学习绘画和欣赏美术作品,把孩子的审美心理结构建立起来;另一方面,家长也在"伴读"过程中,完善自己的心理结构。必须看到,家庭美育是一个双向的学习活动。

那么,什么是人的审美心理结构呢?腾守尧指出:"所谓审美心理结构,就是人们在欣赏和创造'美'的活动中,各种心理能力达到高度活跃时构成的一种独特的结构,这种结构最容易在艺术家的心理活动中体现出来。""审美心理结构的培育或建设主要包括下面三个方面的内容:①培养敏锐的感知能力;②培养丰富的想象力;③培养透彻的(透明性的或直觉的)理解力。"①

以往,我们谈论美育时,总爱从提高孩子的审美能力谈起。审美能力的提高的确是美育的重要任务,但不是根本的任务。其根本的任务是审美心理的建构和培育,懂得这一点就会从更高的角度来认识美育,就要考虑怎样的学习活动才能够达到这一目标。

如果用最简单的话语进行概括,我认为赵洪恩指出的完善人格塑造机制是非常简练的:一是"信息输入",二是"进入审美状态",三是"纯化审美意识",四是"完善审美心理结构"。②如果我们把家庭美育与之联系起来,例如,我们把孩子,甚至自己都看成"受教者",那么,这一机制就比较好理解了。

信息输入,是美育的准备阶段,指的是把自然美、社会美和艺术美的信息,发送给我们的孩子,让他们的整个心理机制都进入"一种特殊的审美注意状态"。(图3-4)

---

① 腾守尧:《审美心理描述》,成都:四川人民出版社,1998年版,第345页。
② 赵洪恩:《美育与人格的塑造》,《教育研究》,1991年第6期。

进入审美状态，是审美教育的中间环节。孩子接收到审美的信息后才真正进入审美状态和美育过程。（图3-5）

纯化审美意识，是指孩子经过一次次的审美状态，审美意识（审美趣味、审美观念、审美要求的培养后）、审美心理得到净化和更高层次的生成。

最后是完善审美心理结构，这是美育的中心环节，可实现审美能力和创美能力的全面增强。

吴冠中先生说的"美盲"，就是审美心理结构不完善的人，他们的三种能力由于在其成长期没能受到很好的培养，所以不知该如何欣赏博物馆里的艺术品，才产生了困惑和不解。从那位地质学华人教授的反思中，我们也可以看出一个有着上进心的人，不管他身居何等高位，也能认识到美育的缺失，是人格的不完善，才令他不安。我相信这样的人会在适当的时机，弥补自己在美育方面的缺失，让自己的心理结构进一步地完善起来。每一位家长要从他和那些校长的例子中吸取教训，让孩子从小接受美育，如果自己已感到不足，那就和孩子一起学习，一同接受美育，为时并不算晚！

图3-4
从小给孩子创设走进博物馆、音乐厅等艺术殿堂，欣赏高雅艺术的机会，是实施家庭美育的重要途径。

图3-5
让孩子进入审美状态，才真正进入了美育过程。

04

家长为什么要提高自身素质？

肆　家长为什么要提高自身素质？

为了孩子的健康成长，家长应当学习一些有关美育的知识，参加一些有关美育的活动，提高自身的素养。学习的方式有两种：一是看书；二是参加有关的活动，在实践中学习。

但是，一些家长觉得，我又不是专门研究美育的，把孩子交给老师就行了，我对老师绝对信任。一般来说，说这话的家长没有想到作为家长或是一个人，也有一个自身不断学习和完善的任务。

图4-1
五十多年以来,"终身学习"的理念深入人心,已被很多家长接受。这是浙江省宁波市街头的公益广告,正有力地号召着"将学习紧密地带进家中"。

一、从"终身学习"看自身的提高

"终身学习"是联合国教科文组织在1965年主持召开的成人教育促进国际会议期间,由该组织成人教育局局长保罗·朗格朗(法)提出的。1972年该组织终身教育部长E.捷尔比提出:"终身教育应该是学习教育和学校毕业以后教育及训练的统合。"(图4-1)

家庭美育已经让不少家长感到自己在审美修养上的不足,他们已开始把家庭美育实施的过程,作为提高审美、人文素养的过程。欧盟委员会在2000年发布的《终生学习备忘录》中有一句话指出:"将学习紧密地带进家中。"让我们以这样的理念,借家庭教育实施之机,加强学习,促进个人的发展,完善自身的心理结构,成为一个成功的终身学习者!

一个家长即使有着较高的学历,也要认识到知识更新的必要性。更何况对有的家长来讲,美育还要从头学起,要把它视为终身学习的内容。

二、从家庭美育看自身的提高

每位家长毕业于不同的专业，或是从事不同的工作，很少能有人系统地接受过美育。现在，家庭美育的提出，让一些家长感到自己在这方面的不足，给了美育常识普及到千家万户的机会。家长只有不断完善自己，才能真正扮演好家庭美育教育者的角色。抽时间看看有关美育（美学和艺术教育）的书籍，了解一些与美育相关的理论知识非常有必要。

了解美育就要了解美学，了解艺术教育的理论。美学和艺术教育都牵涉到文化、心理等专业，家长虽然没有必要进行专业性的阅读，但基本常识还是有必要学习的。所以，了解美育也是一次全面的学习活动。

三、从儿童画的辅导看自身的提高

儿童画可以记录孩子不同发展阶段的情况。不少家长因为缺少美育常识，用非专业的眼光看自己孩子画的画，其评价标准就是画得"像不像"。结果，严重地打击了孩子作画的积极性。如果家长能读一些美术教育的书籍，了解了儿童绘画的阶段性及其特点，明白"涂鸦期"和"图式期"等专业名词，明白在这一时期里孩子不可能把物体画像，就会用较为专业的眼光看待孩子的画，了解孩子作品的内涵。家长只有懂得一些儿童绘画心理学才能够做到这点，才能更好理解儿童绘画的原创性蕴含的价值：童趣和奥妙。（图4-2）

图4-2
一个四岁的孩子用绘画表现了他在幼儿园里和孩子一起玩滑梯的情景。如果从画得像不像上看，这幅画似乎并不成功。但是孩子用绘画表达了玩滑梯时的兴奋心情，从主要动作的特点上欣赏该作品，就不失为一幅好画，就该受到表扬。（张锦萍提供）

四、从参观博物馆看自身的提高

现在，博物馆教育已是社会的一个热门话题。家长带孩子走进博物馆经常碰到的问题就是如何欣赏美术作品，特别是一些当代美术作品。有的家长说："连我都不会欣赏，我怎么让孩子去欣赏？"所以，一些家长特别希望有一种书能告诉他们如何欣赏美术作品。而要找到这样的书就要不断地学习，只有经过日积月累，才能明白欣赏美术作品的基本方法。看一些有关欣赏美术作品的书，到博物馆、美术馆看展览，和孩子或老师一起讨论作品也很有必要，这也是学习的一种方式。经过反复的学习与欣赏活动才能使自己的欣赏水平得到提高。（图4-3、图4-4）

图4-3
这几年的暑期,有相当多的孩子参加学校、少年宫组织的到北京游学活动。这对他们了解历史,认识我国的优秀传统文化,增加人文积淀,有重要的作用。

图4-4
2017年,北京故宫博物院的特展"清初四僧",吸引了来自全国的观众。石涛的山水画既师古人、师造化,又敢于追求"奇",因此,石涛成了一些家长向孩子介绍的热门画家。

还有的家长以"不耻下问"的精神，向老师、甚至向自己的孩子请教。让他们谈谈对作品的认识，对自己也很有启发。

当然，也有一些家长具备一定的欣赏能力，他们可以给孩子讲解对美术作品的看法。即使这样，也希望这些家长能够注意倾听孩子的想法，不要用"灌输式"的方法先把孩子的嘴堵住。2017年首都博物馆举办了"美好中华——近二十年考古成果展"，我在《彩绘跪坐女陶俑》（图4-5）展品前，听到一对父子的对话（大意）：

爸爸："你看这个宫女在干什么呢？"

儿子："她好像在看书。"

爸爸："不是，我认为她正在照镜子。"

在这里，爸爸和儿子采取了讨论式的谈话，很有意思。虽然展览的标签上没有说明宫女到底在干什么，他们所说的无论是书还是镜子都没有存在。但是爸爸和孩子的讨论显然是一种启发式的、探究性的，符合现代的教育理念，是值得家长效仿的。正如美国的沃尔夫·吉伊根指出的："艺术批评应该是对艺术作品的一种和谐的、令人愉快的、思想上无拘束的探索，其目的在于加强对艺术作品中美的理解和自我实现。"①这里的关键词是"探索"二字，探索是一个动词，父子的讨论就是一种互动形式，他们的对话就是一种探索。

不管家长懂不懂如何欣赏美术作品，和孩子一起讨论美术作品所表达的思想、情感，讨论美术作品的形式语言：构图、色彩、明暗、线条、笔墨、肌理等，都是值得倡导的。图4-6是我在英国拍摄的一张照片，它生动地记录了一个妈妈带着两个儿子在英国国家美术馆里给他们介绍作品的情景。妈妈搂着两个儿子，专注地给他们讲解美术作品，一看就是一个非常重视家庭美育的母亲，经常带孩子进博物馆的好家长。

---

① 【美】沃尔夫，【美】吉伊根：《艺术批评和艺术教育》，滑明达译，成都：四川人民出版社，1998年版，第1页。

图4-5
爸爸的提问说明他很有想象力,儿子的回答也是建立在想象的基础之上。在博物馆里的这种参观,才真的有利于孩子的成长。

图4-6
这样的家长培养出来的孩子一定错不了。

家长有了欣赏美术作品的眼光,不只是自身的素质得到提高,同时有助于孩子欣赏能力的提高。希望每一位家长都能从看书学习、经常带领孩子参观博物馆、提高自己的艺术欣赏水平做起。

最近,在微信朋友圈中,看到一位家长和"乐涂涂"美术中心校长关勇的对话,很有代表性。征得关勇的同意,我把他们的对话摘录下来。希望更多的家长也能像这位家长一样,一是对美术教育做深入的思考,二是多和"高人"交流,找出自己的不足,让自己与孩子一起成长。(图4-7至图4-9)

图4-7
在关勇的画室里,课程设置被摆放在非常显眼的位置上,让家长一目了然。

一位家长与关勇的对话

家长:"今天女儿画的是梯田,我觉得她画得很有层次感,比起以前画的画,感到水平有提升。乐涂涂(关勇在珠海所办儿童美术教育机构名称——作者注)让我觉得,比较善于用引导的方法让我女儿发挥她的创造力,她真的非常喜欢来这里学习。"

家长:"我对女儿的期许是,希望她能借由这一连串的训练,提高她的逻辑思维、推理分析能力。行吗?校长。"

关勇:"从儿童画画这件事来说,我们通过给孩子提供材料、工具,给他们指明方向,通过画画这个'媒介、任务、途经'让孩子学会做事:逻辑训练、思考能力、创造能力等。""孩子在每一次进行'画画'都涉及这些能力的训练。只是幼儿在表达(画出来)的内容上和我们成人的理解(真实内容)有差异,这一点正是儿童画的可贵之处。""如果在乎画画的结果上让家长看懂,孩子的思考空间、逻辑能力都会受到限制。那么,你要求的和希望看到的未来,会在当下的训练中大打折扣。我们做的只是保留儿童的天真,促进它们去思考,去提升自己技术,进而能有一种清晰的创作思路,以此呈现出来的画面就会越来越贴近孩子内心,作品也会感动我们,这就是艺术的魅力!"

……

家长:"'许多学校在乎画画的结果上让家长看懂……'这句分析得太对了……"

关勇:"看懂或者看不懂其实都是内心的感受。就如我们观看一件作品、听一场音乐会、买一套房子……都是内心的感受!我们注重的是通过美术这个媒介(材料要多,够丰富)来让孩子完成'人格'的完善教育。这个是关于内心滋养的部分。"

家长:"明白!谢谢。"

关勇:"多谢提出疑惑,这也是我们多数家长共同的疑问。这个问题曾经也使我感到困惑,我用十年时间才找到答案。在此分享,共勉。"

"提高她的逻辑思维、推理分析能力。"——是这位家长对孩子的"期许",这说明家长在对孩子的教育上是有追求的。

图4-8
乐涂涂美术中心非常重视和家长的交流与互动工作。他们会定期为家长举办美育讲座,很受家长欢迎。(关勇提供)

图4-9
乐涂涂美术中心里有线描、水墨、泥塑、纤维艺术几间教室。关勇主张孩子要学好这几种课程，不能把美术学习仅仅理解为"画画"，从小就应该培养他们的综合能力。

05

家长为什么要多参加一些活动？

伍　家长为什么要多参加一些活动？

图5-1
北京丽娟实验艺术教育举行的一次美育研讨会，许多家长要求参加，他们渴望听听专家对美育的最新研究成果，这样肯于学习的家长是好家长。

现在的家长都很忙，能专门拿出一点时间提高自己文化修养的机会不多，但是陪着孩子去学习的机会还是应当尽力安排。特别是家长要多参加一些学校、少年宫、民办美校组织的美术教育活动，这对家长更好地理解美育非常有好处。同时，在活动中，还能促进家长与孩子，家长与老师及家长之间的交流，开阔自己的眼界。（图5-1）

我在广东省中山市三乡镇参加过一次学生的古村落水墨写生活动（图5-2），该活动给我留下很深的印象。为什么呢？就是因为许多家长也参加了此次写生活动。家长的参加并不是为了照顾孩子，而是也像孩子一样，画水墨写生。或者帮助老师组织活动，给孩子打水作画。经过了解，我才知道家长是自愿地组织起来并成立"家委会"，选出一位"会长"，协助老师组织、管理写生活动。家长在陪伴孩子写生时，不知不觉地对水墨写生也产生了兴趣，很想试一试。

三乡镇镇政府知道此事后，特地为家长和孩子提供了几间教室（图5-3），以便于他们进行水墨学习活动，请老师讲座，请本地书法家为大家写春联，大大活跃了家长的文化生活，使家长对美育有了进一步的理解。

很多家长参加了这次写生活动后，都发来微信，谈了参加活动的体会。一位家长说：

跟着魏老师去户外写生，去了解三乡镇的古村落，用心去体会，用我们手中的毛笔去表现，发现身边的美。"小琅环有孔虫雕塑""碉楼古建筑""苏式园林詹园"等，在我们自己生活多年的地方没能发现的美，却在水墨的世界以它独特的魅力展现出来，原来最美的东西一直在身边。

户外写生，参观古村落，让孩子了解三乡镇的同时又接触了大自然。学到很多历史文化、人文地理等在课本上学不到的知识，拓宽视野，开阔了眼界，真心为这样的活动点赞。

图5-2
广东中山市三乡镇的魏老师,多年如一日利用休息日带领学生在家乡写生,受到家长的称赞。家长也自愿组织"家委会",协助魏老师的工作。

图5-3
三乡镇镇政府为孩子和家长免费提供了几间教室,让孩子有安心学画的场所。

现在的生活每个人都是步履匆匆,孩子每天的功课繁重,多抽时间在家练练书法、画画水墨,既能继承我国传统文化,又能让我们纷乱的心得到一丝宁静,毫不夸张地说可以修身养性。

这位家长的体会写得很好,她的收获不只是学习了水墨画,还有对家乡的进一步认识,还有对传统文化的传承。

另一个家长则从亲子活动的角度谈了活动的意义:

由于有户外的写生体验,与孩子在心灵上也有了接触,回家后孩子主动要求与我一起共同完成水墨画作业。无论我画得好与不好,我听到孩子对我说得最多的一句话是:"爸爸,你好厉害啊!"是的,爸爸在孩子的眼里,都很伟岸,永远都那么可靠。水墨画,让我改变了生活,让我对幸福有了新的认识,让我对生活有了新的追求。

"白石·墨韵"公益培训工作室不仅是在弘扬中国优秀传统文化,也让我们家庭更加和睦,更加幸福。

这些家长的表达,值得注意的有以下几点:

(1)让我们纷乱的心得到一丝宁静,毫不夸张地说可以修身养性。

(2)原来,最美的东西一直在身边。

(3)让我们家庭更加和睦,更加幸福。

他们的事例说明,一个家长如果还处于闭目塞听的年代,围着锅台转,打打麻将,玩玩手机,对美育不可能有什么理解。只有和孩子一起参与美术学习,把教育孩子和自身素质的提高联系起来,才能真正实施家庭美育。

亲子活动，是近年一些少年宫推出的美术学习项目，不只是外出写生，还有游学、服装设计展示等。家长参加活动，和孩子一起动手写生或制作艺术品，或者主动地帮助老师做一些协助工作，或者帮助孩子在现场用手机查阅资料，既是亲子互动的机会，也是密切和老师、其他家长联系的好机会。（图5-4）

绝大多数家长都很重视参加这些活动，因为他们知道家长的参与是对孩子精神上的鼓励。

图5-4
陪伴孩子参加一些美术活动，是非常有益的亲子活动。不仅能给予孩子精神上的鼓励，家长也能从中更好地了解自己的孩子，了解其他孩子的长处。

图5-5
现在很多家长观看儿童美术作品展览之后，才真正理解老师常对他们讲的美术不只是画画这句话。原来，制作、陶艺、设计和展示的方式同样也能培养孩子的创造力和美感。家长常聚在一起议论，跟他们小时候的美术真的不一样了！

家长的积极参与，有几个特别的作用：

（1）通过活动看到孩子在美术学习中的表现，以便更加了解孩子，也增强了家长对艺术教育的认识，理解美术学习不能只是"画画"，原来还有到博物馆的参观学习，还有对书法的学习，对民间艺术的学习，对设计的学习，对美术作品背景的了解等。特别是看到有些孩子画的画与被画实物相差甚远时，却得到老师的表扬，渐渐懂得不能完全以"画得像不像"作为评判作业好坏的唯一标准。（图5-5）

（2）通过活动看到老师运用当代教育理念，以自主、合作、探究的学习方式进行教学，使家长明显地感到和自己童年时的不同，看到课程改革的新成果，更好地理解老师的工作，以便在日后的家庭教育中，采取这种新的教育方式。

（3）通过参加活动，使家长开阔眼界，学会用新的眼光看待城市的建筑、购物中心里的橱窗、小区里的绿地……提升审美品位。

我参加过一次厦门英才学校为家长举办的"茶韵·汉舞——厦门英才学校茶艺教学个性课程观摩活动暨中华传统文化少儿家庭美育沙龙交流会"（图5-6），让我对家庭美育有了新的认识。交流会上有学生表演汉舞，有茶道表演的学生满怀敬意地为家长献上自己泡制的热茶。家长没有想到孩子在学校经过老师的教导，变得如此彬彬有礼、温文尔雅。在后来举办的家长座谈会上，家长都谈到茶道是礼仪教育，茶文化教育是中华传统文化的组成部分。也有家长提出，福建人种茶、经营茶，最懂得从事茶业的艰辛。让孩子了解其中的艰辛，教育他们尊重茶农、学习礼仪、传承茶文化，这也是福建人家庭美育重要的组成部分。家长能把茶道提高到家庭美育的高度来认识，使我们看到家庭美育的重要性正在为家长所认同，它的内涵也必将随着时代和我国地域文化的不同，生发出许多新的内容，变得越来越丰富。

图5-6
厦门英才学校举办的"茶韵·汉舞"茶艺表演活动,吸引了大批家长前来参加,这是一场高品质的家庭美育活动。(宗跃风提供)

06

家长应当读一些什么书？

陆　家长应当读一些什么书？

图6-1
家长如能在百忙中看一些和美育有关的书，对自身素质的提高、对孩子的成长都非常有益。

提高自身素养很重要的一点，就是要读书。针对家庭美育，有几类的书要读，一类是有关美育的，另一类是有关儿童绘画心理和美术欣赏的。

家长对读书有着不同的态度，有的家长不请自读，因为他们一路的成长和读书密不可分。虽然以手机进行阅读的大有人在，但是对这些家长来讲，读书仍然是他们生活的一部分。

但是，有一些家长则不爱读书。或者说，他们上学期间爱读书，工作后觉得读书对自己的作用不大，因此就放弃了读书。当然，也有的家长从来就不爱读书，再加上忙于工作，几乎彻底告别了读书。

当他们的孩子都喜欢上参加美术活动后，他们才开始了解美育，开始学习。有的家长希望老师能给他们推荐一些书，而有的家长则愿意听一些有关美育的讲座，希望老师能给他们总结归纳几条有用的"经验"，拿来就能用。这样的家长也不错，就是不如爱读书的家长认识更自觉，提高得更快一些。（图6–1）

经常听到一些家长反映，不知道读哪些书才能提高自己对美育的认识，我想在这里向他们推荐以下几类书。

一、美学

美学的书，最好是读一些浅显的、常识性的书，以期对美学有一个基本的认识。美育是现代美学体系的一个重要组成部分，有了美学的基本知识，在培养孩子的审美能力时遇到的一些问题就容易解决了。以下这些问题我们就常常会遇到。

（1）什么是审美教育的职能？

(2) 什么是美的感知能力？

(3) 什么是审美接受能力？

(4) 什么是美的形态？

(5) 什么是审美品味？

又如，审美教育到底应当解决什么问题？很多家长总爱说通过学画画、学音乐给孩子培养点"艺术细胞"。可这"艺术细胞"又是什么？怎么培养？

滕守尧在《审美心理描述》一书中指出："美感教育主要培养人们健全的审美心理结构，包括感觉、知觉、情感、想象、理解等诸多心理能力的提高和相互协调。最终落实为某种敏锐的审美知觉和对美的欣赏和创造力（包括艺术欣赏和艺术创造能力）。"[①]这段话就让我们从理论上明白美育（美感教育）最重要的任务是"培养人们健全的审美心理结构"。这话听起来好像很抽象，但腾守尧接下来又把任务具体化了，那就是："最终落实为某种敏锐的审美知觉和对美的欣赏和创造力（包括艺术欣赏和艺术创造能力）。"明确这个方向，就不会在对孩子进行美育过程中只关注技能的学习，而是要培养他们对美的感知能力，通过艺术学习，培养他们的创造力和欣赏能力。这种"全方位"的学习，才是一种真正的美育。

美学的书种类很多，如果家长想找入门级别的，可以读朱光潜的《谈美》（图6-2），还可以读徐德清的《趣味美学》或者李泽厚的《美的历程》。

《趣味美学》一书结合古今中外九个人文学科的故事或知识，对"美的探索""审美活动""美的形态""审美感受""审美理解"等问题进行深入浅出的讲解，图文并茂，是一本好书。家长看完书里的故事，除自己能受益外，还可以讲给孩子听。

《美的历程》是李泽厚的重要美学著作，在20世纪80年代风靡一时。还有一本专为

---

① 滕守尧：《审美心理描述》，成都：四川人民出版社，1998年版，第320页。

儿童写的改写本，名为《给孩子的美的历程》，作者是霍籽，该书以通俗的语言把《美的历程》的内容进行深入浅出的讲解，让孩子能更好地理解中国历史上传世之作的价值。这本书不仅对提高家长的美学修养有益，对培育孩子的"一颗中国心"也有好处。

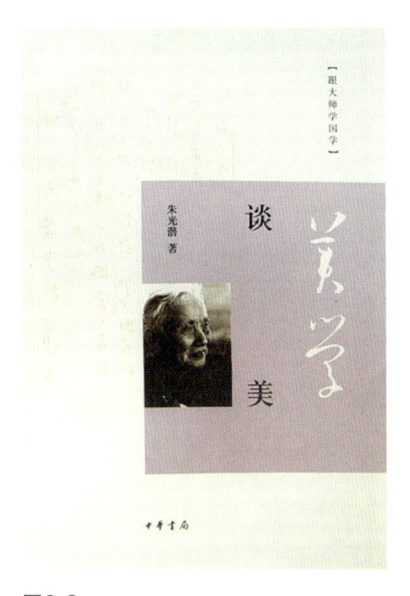

图6-2

二、儿童绘画心理分析

儿童绘画心理分析指的是以心理学的方法分析、研究儿童的绘画作品。

许多心理学家和美术教育家在这方面做过研究。我想介绍美国的罗恩菲德所著的《创造与心智的成长》[①]（图6–3）一书，他在此书中系统地把儿童绘画划分出几个阶段，同时又提出通过儿童的绘画能够看到儿童在七个方面的成长。这七个方面是：

（1）智慧成长

（2）感情成长

（3）社会成长

（4）知觉成长

（5）生理成长

---

① 【美】罗恩菲德：《创造与心智的成长》，王德育译，长沙：湖南美术出版社，1993年版，第98页。

（6）美感成长

（7）创造性成长

如果家长读过这本书，或是有关儿童绘画心理分析的书，就会从心理学的角度看待自己孩子的美术作品，就能从他们看似胡乱涂抹的作品中，感受他们情感的丰富和细微的观察。这时，你会发现懂得一些心理学的知识使你的眼力有了提高，对孩子的了解也更深入。

图6-3

我曾经见过一个孩子画的《妈妈》，该作品最值得注意的地方是妈妈戴着口罩去上班。为什么戴口罩？因为北京的雾霾太严重，早已成为家里谈论的话题。现在，妈妈上班时总爱戴上口罩，而且街上的很多人都戴着口罩，孩子早已注意到这一点。按照罗恩菲德的分析，这应当是属于孩子的"社会成长"，也就是他对社会有了新的认识，知道北京有雾霾，空气污染严重，需要戴口罩出门等。因此，孩子的这幅作品带有鲜明的社会特性。这不是一张普通的妈妈画像，而是21世纪初，北京出现雾霾天气后的一张妈妈的画像。可以设想，若干年后，当北京的雾霾治理成功后，我们再看这张儿童画，就可以认定这是在北京有雾霾的年代里产生的儿童画，它的历史价值不言而喻。

图6-4是一位家长推荐给我的作品，该作品是其八岁女儿自己在家写完作业，随手

画的小美女。这位家长说这样的美女她画了很多，几乎不用思考随手就能画出，这些作品大同小异。为什么她能这样很快地画出？罗恩菲德在《创造与心智的成长》一书中有这样的分析，一个儿童如果总是"一再地重复同样的样式"时，说明"他逃避于一种'安全'之中，在那儿，他不会受到新经验和环境的干扰，然而，这种虚假的安全感是有害其成长的，因为那阻碍了进一步的发展，因此涂鸦的定型反复指示了感情闭锁"。

图6-5描画的是她在暑假时和新西兰孩子一起玩耍的情景，人很多，大家在水池边上玩得很高兴。此作品的构图发生了变化，不再是稳定的肖像式构图，而是根据玩耍现场的需要，把纸横了过来，因为这样可以表现很多的人，使观者能感受他们的欢声笑语。在两种不同的条件下，孩子画出的作品是不一样的。图6-4是自己在家写完作业随手画的，那时她是寂寞的。图6-5是在和外国孩子玩耍之后画的，她是兴奋的，有了和外国小朋一起玩耍的经历，她在情感上的变化是显而易见的。两幅作品的对照，让我们看到了什么？看到了罗恩菲德讲到的"感情的成长"——从一个人的独处到融入集体的欢乐，从一个人的寂寞到"国际交往"带来的新体验，她的情感更加丰富。感情的成长又带来了绘画创作的构图、造型的成长变化。这样的分析，就属于儿童绘画心理的分析。

李凌的《寻找天性》《儿童美术教育琐谈》也是值得一读的书。这是两本刚刚出版不久的书，因为作者有丰富的教学实践经验，对孩子作品和心理的分析十分到位，令人信服，书中的多种实例更贴近当代孩子的实际。

还有一本《像自由一样美丽》，是作家林达写的。这本书记叙了第二次世界大战期间，在德国法西斯关押犹太人的监狱中，一些孩子在一位老师的带领下，在监狱学校里画的一批儿童画。这是一批特殊的儿童画，它们的作者大部分都随着父母被毒害。这批珍贵无比的儿童画为我们留下了"普通的犹太家庭、犹太儿童、犹太艺术家等大批浩劫

图6-4
（陈雅玲提供）

图6-5
（陈雅玲提供）

受难者的遭遇和他们不懈的精神追求"①。

图6-6和图6-7是《像自由一样美丽》一书中两位犹太儿童的作品。第一幅为《特来津小院之景》（作者没有留下姓名），画的是监狱附近的萧条的风景。第二幅是基蒂·玛儿盖特·帕赛洛娃的《瓶花》。即使她很快就要和这个世界告别，也要用美丽的画面歌颂生活的美好。这就是这批儿童画的价值！

图6-6
［德］（作者佚名）《特来津小院之景》

图6-7
［德］基蒂·玛儿盖特·帕赛洛娃《瓶花》

---

① 林达：《像自由一样美丽：犹太人集中营遗存的儿童画作》，北京：生活·读书·新知三联书店，2015年版，封底。

我还要向大家介绍一套胡晓佩的新著《艺术儿童三部曲》。这套书共有三本书：《住在艺术里的孩子》《家中的艺术课堂》《孩子眼中的世界艺术》（图6-8）。其中，《家中的艺术课堂》是专为家庭美育撰写的书，它结合家人、新居、节日、远行、书香、场馆、乐土、四季，为家长和孩子设计的作业，十分贴近孩子的生活。只要家长能与孩子互动、启发、引导孩子（而不是居高临下的硬性要求），就一定能把家庭也办成比画室更有实效的场所，因为家庭的辅导有更多的宽松环境和温暖的氛围。不信，家长可以试试看。

三、美术欣赏

陪孩子去博物馆参观画展，许多家长感到自己不知道如何欣赏美术作品。一位家长曾经对我说："自己的孩子学了画，才知道我在美术方面真是不行。到了博物馆，有时还不如孩子会欣赏呢！孩子还能讲出好多道道来，我就听着呗！"这位家长的困惑也是许多家长的经历。

怎么解决这个问题呢？有的家长介绍"经验"说，老师给孩子讲的时候我就认真听，听听孩子的议论也很受启发，因为他们的议论也是老师教育的结果。应当说，这都是不错的经验。不过，要想真的懂一些美术欣赏的知识，还是看一些书，有较为系统的知识为好。

我特别向家长推荐两类书，一类是我国台湾的美学家蒋勋写的《写给大家的中国美术史》（图6-9）《写给大家的西方美术》《美的曙光》等。蒋勋讲美术史通俗易懂，三言两语就能道出作品的精妙之处，对美术史能言简意赅地抓住它的发展脉络，让人感到欣赏的乐趣，在我国台湾和大陆都有着良好的口碑。他提出的"美，看不见的竞争力"已被

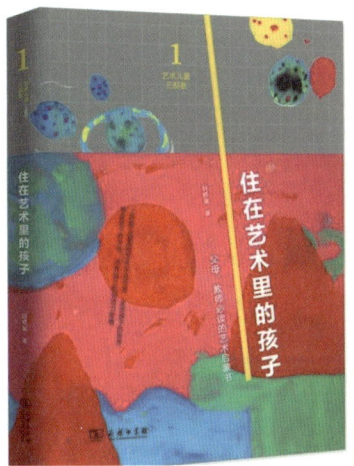

图6-8

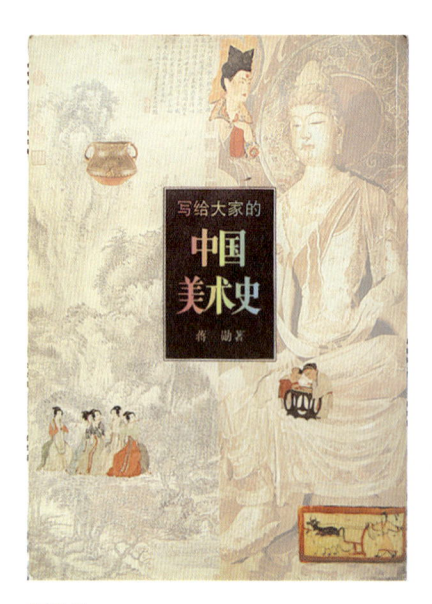

图6-9

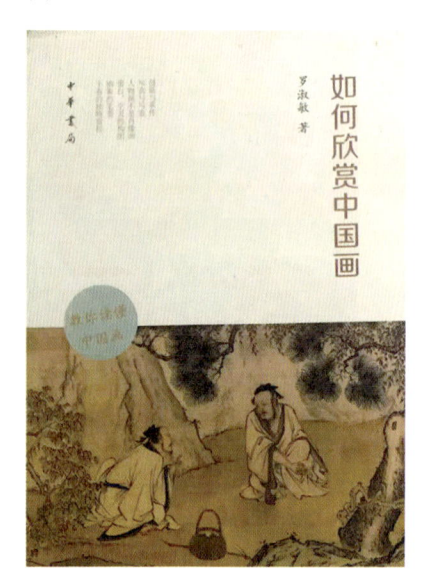

图6-10

社会广泛地接纳。对每一位家长来讲,也应该意识到孩子能受到良好的美育,也是为孩子的一生提供正能量,为在职场上的拼搏提高竞争力。

另一类是直接谈美术欣赏的书,如《如何看中国画》《如何欣赏中国画》(图6-10),只是这种书专业性强。最近一段时间,这一类的书出版得比较多,可能是为了适应广大读者对美术欣赏的需求,这是一种好的现象。但是,没有一本书是"包治百病"的,家长不能期望着看了一本书之后就学会了欣赏众多的美术作品,因为每幅作品产生的背景不同,画种不同,欣赏的重点也不会一样。所以,重要的是把书上讲的欣赏方法落实到实践活动中,这就需要在反复的欣赏活动中才能领悟和掌握。

最后,我建议有条件的家长读读傅雷写给孩子的信《傅雷家书》(图6-11)。傅雷是我国著名的作家和翻译家,他的《美术名作二十讲》,代表了他在美术方面的全面修养,是美术欣赏方面的经典之作。他的两个儿子傅聪和傅敏因为有着良好的家教,后来都成为著名的钢琴家。傅雷和远在海外的傅聪多年的通信,不只是谈生活,更重要的是谈论艺术。《傅雷家书》以谈论音乐为主，不是专谈美术的，但也有一些章节涉及对一些美术家和作品的看法以及对艺术应持有的学习态度，读此书可以让我们看到傅雷深厚的艺术修养。每一位家长都应当看到，傅雷的博学正是两个孩子成长的基础。

我并没有让家长成为研究美术专家的意思，但是既然孩子选择学习美术，再加上《意见》提出了家庭美育建设的任务，家长就应当针对美育进行学习，看一些有关的书籍，这也是自身完善的重要一课。

图6-11

07

如何认识社会美和自然美?

柒　如何认识社会美和自然美？

社会美是社会生活中客观存在的社会事物、社会现象的美，它指的是那些包含着社会发展本质规律，体现人们理想愿望，并能给人以精神愉悦的社会生活现象。[1]

从这段话中，我们可以看出社会美是指具有"正能量"的事物，是与我们生活息息相关的事物。培养孩子认识社会美，不能只用眼睛观察，还要用大脑去分析，学会发现社会中给人们鼓舞向上的积极事物。

有的学者指出："社会美的基础是劳动美，一切美的形象都来自劳动，劳动创造了美。"[2]让孩子认识社会美，感悟劳动的意义，热爱劳动人民并欣赏其艺术作品，是家庭美育必不可少的一项重要内容。

艺术学习活动固然是孩子接受美育的主要渠道，但从家庭美育的角度让孩子认识

---

[1] 戚廷贵：《美学：审美理论》，长春：东北师范大学出版社，1989年版，第82页。
[2] 高荆梅，马蕾：《大学美育》，西安：西北工业大学出版社，2017年版，第92页。

图7-1
多为孩子创造一些机会,让孩子从小就接触社会各阶层的人,特别是劳动人民,了解劳动人民的生活,以及情感和思想,有利于孩子的成长。

社会,把美育与德育、智育结合起来十分必要。美育的施行不是孤立的,和其他的教育结合在一起有协同效应。特别是把孩子带进社会,观察社会,在一些社会活动中接受美育,与关起家门来进行美育,效果是绝对不一样的(图7-1)。叶朗指出:"审美教育应该多途径、多方面地进行,绝不应该封闭于一种形式、一种趣味、一类对象及固定的时空范围。"①

一个孩子能有机会参加一次大型的庆祝活动,大型的团体操表演,和成百上千的孩子在一起排练多日,最后出现在北京天安门广场或鸟巢的绿地上,穿着节日的盛装,在悠扬的乐曲声中载歌载舞,这时,你不用对他们进行任何的说教,他们就会体验到祖国的伟大,生活的美好。多少年过去后,他们仍记忆犹新,这将成为他们一生的骄傲。这个参与的过程,就是一次生动的美育,一次形象的爱国主义教育,美育和德育结合的一个范

---

① 叶朗:《现代美学体系》,北京:北京大学出版社,1988年版,第372页。

例。从美的形态角度来看，孩子体验到的不只是鲜花、音乐带来的美，还有庆祝活动宏大的气势、仪仗队整齐划一的美感，那是一种崇高和雄壮之美，会丰富他们对美的认识。

当然，社会是复杂的。从美的形态上看，它有优美、健康的一面，这是社会的主流。但是社会也有苦难、贫穷的一面，甚至还有丑陋的一面。一些贫穷、落后的地方，有着很多善良、纯朴的人们，而一些光鲜、漂亮的外表后面也许有着一个贪婪、可憎的灵魂。给孩子创造走向社会、认识社会的机会，让他们更全面地认识社会，将会对他们的一生产生非常重要的影响。（图7-2）

苏联作家高尔基能够写出《在人间》《我的大学》《母亲》与他从小生活的社会环境有关；罗中立能创作《父亲》与他十年的插队生活有关；冼星海能创作出气势磅礴的《黄河

图7-2
画家刘文西笔下的农民，总是有着浓浓的陕北味。他们没有漂亮的面孔，但是有着中国农民特有的质朴和真诚。这是他在1962年创作的《祖孙四代》。

大合唱》和他生活在那个"苦难的岁月"里,目睹了日寇铁蹄下的中国人的血泪与苦难有关;列宾能画出《伏尔加河上的纤夫》(图7-3)和他能为纤夫们画像,了解他们的家庭、生活,与纤夫们交朋友有关。如果这些艺术家不深入到社会之中,他们就创作不出感人的艺术形象。所以,家长有意识地为孩子创造一些机会,接触社会、观察生活是十分必要的(图7-4、图7-5)。比如,有条件的家长带孩子回农村老家,和农村的孩子一起玩耍,学习爬树、打水漂……或者,带他们去郊区采摘,体验劳动的乐趣,或者安排他们拜访当地的"非遗"传承老人,请他讲讲自己从小与"非遗"项目共命运的一生。

图7-3
[俄] 列宾《伏尔加河上的纤夫》

图7-4
每逢节庆,家庭的餐桌上总少不了有鱼。可是许多孩子不知道鱼是怎样捕捞上来的,不知道渔民的辛苦。有条件的家长应当带孩子去参观渔港,看看那里壮观的景象和渔民们的忙碌。

图7-5
很多山区学校的校舍、桌椅还是破旧的,但孩子非常珍惜每天的学习生活!(李影摄)

有一位家长跟我讲过她与孩子在旅游中发生的一件事：十几年前的一个炎热的夏天，她带女儿去湘西，在一户农家的院子里看见一家人围坐在一起，正在为鞭炮插引信——这是全家人在农活之外干的副业，插一万个才能挣七块钱。插引信的有老人，也有小孩子。她的孩子站在院里看了半天，发现他们插得很慢，很难插。问那些农村的孩子，一天能插多少，他们说，一千个，弄好了几千个。啊？那一天才挣一块多钱，甚至不到一块钱！可是，他们告诉她，一块多钱就能买很多的本子和铅笔，开学就能不向家里要钱了。这件事深深地打动了这位家长的孩子。她长在大城市里，过着"饭来张口，衣来伸手"的生活，从没有想到过农村的孩子生活得这样艰难！晚上，她和妈妈去饭店吃饭，妈妈知道她爱喝王老吉，就准备给她要一罐，没想到孩子对她说："您不要给我买王老吉了，那一罐就要八块钱，农村孩子插一天的鞭炮引信才挣一块多钱，我不喝了！"这件事，也给这位家长很大的教育，她没有想到这次旅游，会让孩子有这样深刻的想法。孩子长大了！她表扬孩子懂得了同情，认识了社会……后来，这个孩子的学习成绩一直很好，后来考上我国著名艺术学院，成为一个很稳重而有思想的大学生。

有了这样的经历，许多孩子产生了怜悯、忧虑之心，他们开始明白社会的复杂和多样，懂得了世界上的许多孩子并不是像他们那样过着无忧无虑的生活。

社会之美，美在何处？有的学者将其概括为劳动美、伦理美、职业美、社会公德美。让孩子认识社会美，就要让他们学会观察，学会分析。家长要启发孩子去认识、去分析其所面对的各种社会现象，多听听他们的看法，这里的关键词是"分析"二字，因为社会现象不像自然美那样，用感官就可以直接感知，它必须通过理性的思考。

家长也要给孩子创造充足的条件让他们多接触自然之美，如旅游、欣赏有关的美术作品、读有关自然美的书等，这些都是帮助孩子认识自然美的好做法。认识自然美，要注意选择有代表性的地方，让孩子能更好地感受优美、崇高、壮阔等美的形态。这就需要家长有美的眼光，有广博的地理知识和人文知识。像我国的甘肃张掖，有着独特的地貌，以奇幻的色彩闻名于世；而江西的流坑，那里有粗壮的樟树连成一片，形成樟树林，散发着一股股的幽香，蔚为壮观；在新疆的草原上，你会看到成片的花朵盛开，放眼望去，你还能看到远处的雪山巍峨高耸，草原辽阔无比。这三者属于哪一类的形态之美？家长都要进行思考。带孩子去旅游观光，让他们感受自然之美也是家庭美育的一个重要内容。

从认识家乡开始，由近及远地为孩子设计一条旅游线路，是最简便的方案。北方的家长要了解你的家乡春天的桃花、迎春花什么地方最多，何时开得最茂盛；南方的家长要了解你的家乡油菜花哪里连成一片最为灿烂（图7-6）；如果要让孩子体验山地的高耸、密林的幽深，带他去哪儿最好；如果要让孩子感受草原的辽阔，离你家最近的路线该怎么走。这些，家长都要心中有数。家里有车，出行当然方便，但有时和孩子徒步行走，来个远足，或是骑自行车去旅游，把一路上的良辰美景，尽收眼底，也十分有意义。（图7-7）

孩子年龄大一些后就可以到外省市，甚至国外旅游。现在，有的孩子很小就随父母坐飞机到海边度假，看大海，这早已不再是一种奢望。只是旅游的收获因家长的文化修养有所区别。有的家长只是让孩子玩游乐项目，一家人吃点儿美食，并没有在体验自然美上下功夫。孩子见了大海虽说很高兴，但很多家长并没有陪着孩子在海边走走，看看大海在落日时分的色彩，听听海鸥穿云破雾时的鸣叫，画画大海晴天时的明朗、乌云密布时的恐怖……这样的旅游，孩子没有丰富对自然的感知能力，不会用恰当的语言表达自己的感受，就少了具有文化品质的审美乐趣。

图7-6
家乡的油菜花最美,每当春天来临,它把家乡装扮得更美丽。有作家说过,无论他走到哪里,只要看到满眼的油菜花,就想起家乡。油菜花,能唤起人的"乡愁"!

图7-7
带孩子到山村,到有文化和历史的地方。孩子不仅可以写生,还能了解很多当地的历史。例如,陕西铜川的陈炉镇,有陶艺工厂,有贺龙元帅住过的地方,有陶祖庙,也有现代的文化广场,成为家长带孩子旅游的好去处。

真正的旅游是有文化准备的：出发之前，家长应查阅有关的资料，指导孩子在地图上找出准备去的地方，让孩子看有关的图片，加深记忆。找一些经典的文章给他读一读，丰富孩子的词汇。到了目的地，有的家长让孩子每天写日记，简单地写些感想；当孩子感到没有合适的词语形容他自己对大海的感受时，家长就耐心地给出一些词语，让孩子认真地听，挑出一个他认为最恰当的词语写在日记上；当他画不好海边的一个茅草棚时，第二天家长就特意带他去现场观察、写生。这样做，孩子的感受力和表达力会得到很大的提高，能否做到这一点，家长的准备很重要。

认识自然美还可以通过美术作品欣赏活动进行。从我国的山水画和西方的风景画之中，挑出一些作品给孩子欣赏，听听他们的想法。让他们把作品进行归类：最喜欢哪些，并说明理由；把中国的作品和外国的作品分开；有色彩的和没色彩的分开……家长应对孩子选出的作品进行讲解，帮孩子分析作品是如何表现自然美的。

依我看，我国的山水画家王希孟的《千里江山图》（图7-8）、郭熙的《早春图》、黄公望的《富春山居图》、王蒙的《青卞隐居图》、傅抱石、关山月的《江山如此多娇》等作品都可以给孩子看、给孩子讲，而且孩子也非常爱看、爱听。外国风景画家中的康斯泰勃尔、莫奈列维坦等的作品也很受孩子的欢迎。对表现自然之美作品进行欣赏，也会给孩子积累一些美术史的知识，为他们日后的发展打下基础。

滕守尧指出："广泛接触自然美和社会现象，会增加'内在图式'的储藏，而'内在图式'的储藏又反过来增强了我们发现和选择美的能力。"①孩子从大自然中和艺术作品中学会欣赏自然美和社会美，他们的眼睛就发生了变化，随着"内在图式"的储藏增多，由一双生理的眼睛，变成一双"图像的眼睛"，这样的眼睛会让他们储藏很多的"图像"：罗中立的《父亲》、达·芬奇的《蒙娜丽莎》、吴冠中笔下的水乡、李可染笔下的苍山如海、

---

① 滕守尧：《审美心理描述》，成都：四川人民出版社，1998年版，第353页。

图7-8 [宋] 王希孟《千里江山图》(局部)

齐白石笔下的牵牛花……他们的眼睛成为一双有文化、有图像的眼睛。这是孩子在学校、家庭、少年宫接受美育的结果,他们会在某种特定的情境下,唤起对一些美术作品中形象的记忆,而且也会用艺术的眼光观察事物,反过来增强他们"发现和选择美的能力"。

08

家长如何提高美术欣赏水平？

捌　家长如何提高美术欣赏水平？

美术教育有两大学习活动，一个是美术创作，一个是美术欣赏。在许多家长看来，美术创作等同于绘画，是美术教育中最重要的学习内容。至于把美术欣赏作为学习内容，作为能力的提高，他们考虑的很少。不过，他们也会发现，随着孩子美术创作水平的提高，他们也慢慢地提出一些与美术欣赏有关的问题。特别是近年来，老师安排的博物馆参观活动较多，欣赏活动加强了，孩子的问题逐渐多了起来，有的问题还很难让家长回答。所以，有许多家长感到提高自己美术欣赏水平的必要性。

如何欣赏一幅美术作品？特别是家长带孩子到美术馆参观时，面对着一幅幅美术作品和孩子的提问，他们不知道该如何欣赏和回答。他们也觉得被眼前的一幅幅美术作品所打动，但为什么被它们打动？是画面中的人物形象，还是色彩？是画家的创意，还是构

图8-1
美术教育有两大学习活动：美术创作和美术欣赏。不能只看重对绘画的学习，学会欣赏美术作品也是一个非常重要的学习活动。

图？他们处在一种朦胧的状态中，不能明确地表达出自己的感受。这时，他们会觉得不会欣赏美术作品真是人生的一大缺憾，产生学习如何欣赏美术作品的想法也很自然。（图8-1）

家长要想学习如何欣赏美术作品，可以从三个方面入手。

一、看一些书，了解美术欣赏的基本方法

美术欣赏还是有一定方法可循的。一般来说，当我们站在一幅美术作品的面前时（或者看画册时），会对画面的明暗、色彩、光线、构图、形象的塑造等给予关注。当我们

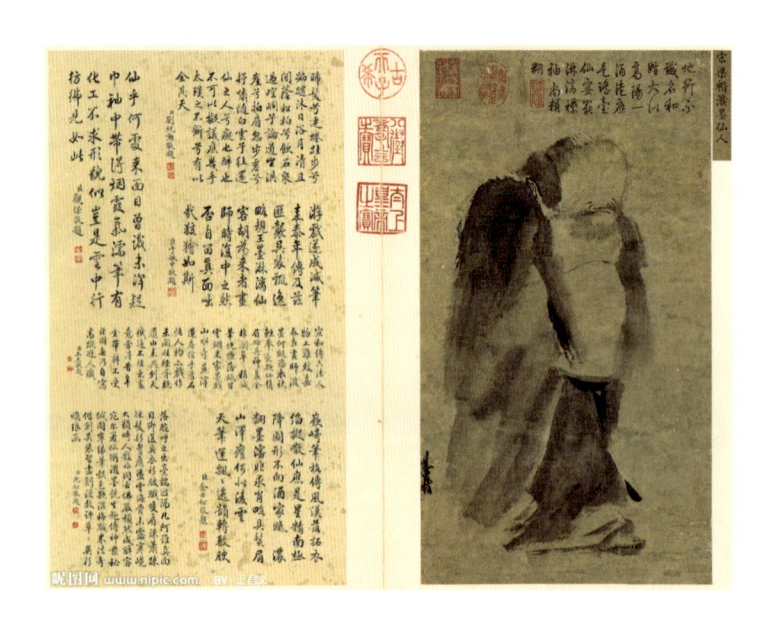

图8-2
欣赏中国画一定要让孩子注意到它的题字、印章和跋，这不只是作者的题字，也有文人们对作品的评价，记录了收藏家们欣赏它的过程。这幅作品上的书法和印章都很精美，具有很高的艺术价值。

给孩子欣赏董希文的《开国大典》时，就可以把重点放在画家对色彩、构图的处理上。而欣赏列宾的《伏尔加河上的纤夫》时，除了讲色彩、构图，还可把重点放在对每一位纤夫形象的刻画上。针对不同的作品，有不同的欣赏重点。

中国画和西方的绘画欣赏方法是有区别的，因为中国画有一些艺术语言在西方的绘画中是没有的。例如，讲究笔墨技巧是中国画的一大特征，线条、皴法、点染、行笔的流畅、逆锋产生的力量感、秃笔的横扫等，都能产生不同的感人效果。中国画中的题字、印章和跋等就涉及书法和篆刻。再有就是它多种多样的装裱方式，长卷、扇面、册页等丰富多彩的构图形式。（图8-2）

最近，读到罗淑敏写的《如何欣赏中国画》一书，她在欣赏中国画方面，提出了一些与众不同的观点。有一些不是从艺术形式语言上入手教人欣赏中国画的，而是从"创新与

承传""人物画不是肖像画""抽象的笔墨""手卷的独特旅程"等角度入手,很适合家长阅读。(图8-3)

不管是欣赏油画、版画、雕塑、建筑,还是欣赏中国画,都有两个问题不容忽视,一是作品的历史背景,二是画家的生平,关注这两点,我们就可以更好地理解作品。所以,适当地查阅资料,很有必要。

图8-3
中国画有着自己的装裱形式,如条幅、手卷、画片、扇面等。这幅《鹊华秋色图卷》(元,赵孟頫作),是手卷裱式,画面上有很多名家的印章和题跋,其中皇帝的鉴赏之印特别引人注目。这些都显示了中华优秀文化特有的审美追求。

有些美术作品表现的是一些历史事件，那就更有必要查阅资料。例如，法国画家大卫的《马拉之死》，中国画家徐悲鸿的《田横五百士》（图8-4），既要把这些作品产生的历史背景讲给孩子听，他们才能理解作品。也要对画家的生平和他在美术史上的地位进行介绍，孩子才能理解他的贡献。如对林风眠的介绍，不了解当年的许多热血青年留洋求学的时代背景，就难于认识他在近代美术史上的价值。

有条件的家长最好能读一两本美术史的书，对中外美术发展的脉络有一个大致的了解，是提高欣赏水平的基础。遇到欣赏的问题，就能迅速地想到时代和画家的生平，并回答孩子的问题。

许多家长会因为工作的原因，可能无暇顾及，没关系，只要家长想提高自己的人文涵养，能把这样的书放在床头，每天睡觉前翻上一会儿，就能体验到"开卷有益"的真谛。

图8-4
徐悲鸿《田横五百士》

二、多到美术馆参观

美术欣赏水平的提高,要经历一个不断实践、反复提高的过程。多到美术馆参观,多看美术作品,再加上勤学、勤问,就一定会有收获。

现在,家长随孩子去美术馆参观的机会比较多。有的家长到了美术馆,看着孩子被老师带进美术馆就去办自己的事,但有的家长一直跟着老师,认真听老师的"开场语",不明白的地方主动向老师求教,还有的家长和其他家长在一起交流心得,或者听孩子对美术作品的看法,感觉也很有收获。有的家长认真地拍下作品的说明,供自己回去之后进一步学习。可以肯定,这样好学的家长经过多次的实践之后,就能摸索出一些欣赏美术作品的门道来。

欣赏美术作品包括许多门类,如对设计产品和建筑的欣赏;对雕塑和民间美术的欣赏等,每个门类都有不同的欣赏方法,需要家长在实践中不断领悟,这种学习是没有止境的。(图8-5、图8-6)

提出这样的希望,并不是想让每位家长都能成为美术鉴赏家,而是希望家长在陪同孩子学习美术的过程中,自身的审美和人文素养也得到相应的提高。因为家长一旦学习了如何欣赏美术作品,就会以"一双发现美的眼睛"更加积极地面向生活。当你走在街上时,你能看到别人发现不了的建筑之美;当你面对一些当代艺术作品,别人还是满脸困惑时,你早就从作品的创意中发现了美。总之,欣赏水平的提高会让我们的人生更加充满精彩,而不会欣赏的家长生活中会缺少许多乐趣,艺术品位也得不到提高。正像朱光潜先生指出的:"……离开艺术也便无所谓人生,因为凡是创造和欣赏都是艺术的活动,无创造、无欣赏的人生是一个自相矛盾的名词。"[1](图8-7)

---

[1] 杨辛,朱式容:《朱光潜选集》,天津:天津人民出版社,1993年版,第33页。

图8-5
夜间，深圳市的闹市区人行横道上会有发光的人形提醒行人从这里过马路，不仅让斑马线的位置更加醒目，也为城市增添了艺术感和情趣。

图8-6
这座商场请一位日本设计师，为顶部设计了抽象的纸造型，以翻滚的延伸态势给商店增添了几分浪漫色彩，吸引了不少家长带孩子来欣赏。

图8-7

一些人看不懂这件儿童陶艺作品:"这表现的是什么?"小作者突破一般器皿的造型,把一个普通的瓶罐做成像眼睛一样的造型,形成一件世上独一无二的艺术品,构思独特,这就是美。

三、欣赏当代艺术

如何欣赏当代艺术，对家长和孩子都是一个很现实的问题，因为当代艺术越来越多地出现在美术馆里、艺术区内、街头。很多家长都看不懂，有时还不如孩子。面对一些当代艺术品孩子很喜欢，他们临摹、与它们合影，但为什么喜欢？孩子也说不清楚。（图8-8）

其实，当代艺术具有鲜明的时代性，它表现了当代艺术家对现实的思考，再加上它在艺术创作中的创新精神，在以下三个方面很容易被孩子接受：（1）材料的多样与新颖。（2）令人称奇的夸张的艺术形象。（3）对环保等一些社会问题的关注。（图8-9）

图8-8
面对邱志杰的《这些"农具"》这件作品你会觉得好像很熟悉。当你仔细辨认它们的时候，又会觉得这并不是你见过的那些农具。如果你把它们当作艺术品来看，你就会发现艺术家的创造性。当代艺术似乎在和你开玩笑，但是他们使你的思维更活跃。

图8-9
我们常常看到艺术家使用意想不到的材料进行创作,带给我们视觉上的新感受。

有时，孩子不一定能马上领悟艺术作品的全部内涵，但他们喜爱新奇，喜爱当代艺术给他们带来的挑战，只有敢于接受这种挑战，孩子的想象力和创新精神才能得到激发和唤醒。

当代艺术在材料的运用、美术语言的创新等方面都有颠覆性的探索，它开启了另一种思维方式，让人耳目一新，这正是当代艺术的可贵之处。让孩子理解当代艺术，把它当作"美育的常识"，的确是家庭美育应该重视的内容。现在，各地美术院校的毕业展为什么那么受欢迎，就是因为大家都感受创新精神的激发。目前当代艺术存在良莠不齐的状况，孩子在老师和家长的指导下观看这类展览效果最好。

四、努力提高自身的人文素养

家长只有不断提高自身的人文素养，才能意识到美术欣赏的意义所在，不能只把孩子的美术学习看成是美术技能的提高。技能的提高是一个方面，《意见》中提出的"提高学生的审美和人文素养"才是每一个孩子都要努力达成的目标。高质量的美术欣赏活动，是实现"两个提高"的重要途径。单纯的技能提高，很难提高孩子的人文素养，而孩子在欣赏活动中对美术作品时代背景的探究，通过对画家生平、创作思想的了解，会使他们的人文视野越来越开阔。

为了能让孩子更全面地了解美术作品与地域、时代、民族、画家的关系，家长必须重视自己人文素养的提高。美术欣赏活动，不只是对艺术技能进行了解，还需要对历史、文化、地理、民族、宗教、民俗等方面进行了解。也许有一天孩子会问你有关徐悲鸿或傅抱石的美术作品，会涉及《山鬼》《湘夫人》；也许有一天在欣赏达·芬奇的作品时，背景竟和

图8-10
傅抱石《湘夫人》

《圣经》有关……这样的例子太多了,很多的家长都会被这些问题难倒。可见,欣赏美术作品也不是一件很简单的事情,只有具备丰富的知识,才能满足孩子在欣赏活动中的需要。(图8-10)

为了给孩子创造一个良好的学习环境,家长可以在家中为孩子准备中国地图、世界地图和地球仪,这很有必要(图8-11)。当给孩子欣赏沈周的作品时,就以"吴门四家"为题介绍江苏当年的地理、经济、贸易的情况,让孩子认识到任何画派的产生绝非偶然。如讲到凡·高,他从荷兰来到法国的阿尔勒,阳光灿烂的法国南部唤起他的创作灵感。这

图8-11

家里备个地球仪,可以供孩子随时查找相关信息。不只是对美术学习有利,对其他学科的学习也很有利。如历史上的航海路线、某个国家的方位、旅游的路线规划等。

时,家长用地图指出从荷兰到阿尔勒的路线,孩子就比较容易理解凡·高在色彩上的新追求。有了地图,就有了"证据",讲起话来就不再是仅凭感性讲,而是引导孩子开启一种新的思路,这对他们今后成长的影响是深远的。同时,对家长也是一个再提高、再学习的过程。

不过,家里备有地图和地球仪,只是针对欣赏艺术作品需要地理知识而准备的一个例子。欣赏艺术作品还需要其他知识,家里需要准备的还有很多,至少应该有一台电脑、一本辞海,以及有关中国美术史和外国美术史的书。

09

懂得美术的家长
如何进行家庭美育?

玖　懂得美术的家长
　　　如何进行家庭美育？

在实施家庭美育过程中，有一些家长是从事美术创作工作的，或是从事美术教育工作的。还有的虽不是专业美术工作者，以前在少年宫或学校里接受过美术的系统训练。后来，他们从事其他行业的工作，但是，心中对艺术的热爱并没有消失。正是这个原因，又把孩子送到少年宫学习美术。应当说，这些家长实施家庭美育，比那些不懂美术的家长有更好的条件。

我认识一位厦门市的美术教师陈老师，她有着很好的研究能力和教学能力。女儿在很小的时候，就开始接受她的引导，学习观察、如何表现。陈老师从不教给她具体的技法，更不会让她画"简笔画"，只给她纸笔，让她随心所欲地进行表现。她发现，女儿最爱表现的是人：公主、妈妈、孩子……不管女儿画些什么，都会受到她的鼓励，而且，她把女儿的作品全部收藏起来。我到陈老师家走访时,她搬出一大摞孩子的作业,整整齐齐地订成册,用牛皮纸做好封面封底,非常珍视孩子的学习成果。(图9-1)

孩子大一点儿,她就每晚给她讲故事、看画册、看中外名画,提高孩子的欣赏水平。她认为绘画是培养孩子创造力的一条理想的途径,启发她从生活和名画中激起创造的火花。有一次,她给女儿讲凡·高的画和他的人生经历,凡·高对艺术的执着和他的孤独,给孩子留下了深刻印象。没过多久,她就发现女儿一连画了几幅凡·高和女友在一起的作品,女儿给凡·高找了个女朋友!当她给女儿讲了唐代吴道子的《八十七神仙卷》之后,女儿按照自己的想法半临摹、半创作地画了一幅自己心目中的《八十七神仙卷》。陈老师还给孩子介绍了草间弥生的作品,引起孩子的兴趣。孩子对妈妈说,她长得不漂亮,但是她的画中的圆点特别多,和一般的画家不一样。平时在工作中,陈老师非常认真地学习理论知识,接受美术课程改革的新理念,研究学生的作业。这为她研究自己的孩子,研究儿童绘画心理奠定了基础。

图9-1
陈老师的女儿在四岁时给妈妈画的像。她观察准确,下笔果断,绝不拖泥带水。画的神态还真的很像呢!(陈雅玲提供)

另外一个事例,是两位专业美术工作者和孩子的故事。他们本不研究儿童绘画,但是,发现了孩子对美术的兴趣后,就采取了和常人不一样的教育。

2017年6月，安徽省雕塑院展厅内举办了年仅七岁的杨博元孩子的个人画展。走进展厅，只见一幅幅表现动物、禽鸟、山水的水墨画，一件件画在大瓷瓶和瓷板上的作品，足足有百十来件。这些作品有两个共同的特点：一是大，画幅大，瓷瓶大；再有就是下笔果断，绝不拖泥带水。大公鸡的尾巴，一笔就挑上去；红色的火鸡脖子弯曲得很，小作者蘸足颜色，一气呵成。展厅里，来自书画界的朋友们都在议论：小家伙比咱们大人都强，这几笔真见功夫！

杨博元的父母分别是安徽雕塑院的副院长和一个院校的教师，都从事艺术方面的工作。孩子能在艺术上取得这样的成绩，并非是父母让他练"功夫"的结果，恰恰相反，他们几乎没有教他一笔，都是让他自己悟出来的。

"悟出来的"，这是什么意思？经过和杨博元的父母几天的相处和交谈后，我才明白，他们所说的"悟"可不是一个简单的动词，而是有着深刻的内涵。把他们对孩子教育的体会总结出来，也许会对许多的家长有益。因为许多家长认为学习艺术就要勤学苦练，可杨博元的家长却不主张这样苦练，他们看重的是对孩子的熏陶……（图9-2）

一、熏陶重于教

杨博元父母的工作都很忙，每天回到家里也还要讨论工作上的一些问题，家里有一种较强的艺术氛围。三岁后的一天，杨博元向他们提出要画画，给他买毛笔后，杨博元就开始蘸墨乱画，家长让他自己去探索。并且，他们还为孩子买画册，精心选购画桌、笔架、调色碟等，布置了一个有着浓郁文化氛围的画室。

以身作则。杨博元的父母下班回到家中，不是打麻将，而是为孩子的成长营造良好的

学习氛围,关心他在作画时遇到什么问题,再忙也要欣赏孩子的作品。有时给他一些意见,但绝不会动手改他的画。(图9-3)

二、选择学校

四岁的时候,杨博元被送到一所美术学校,他们希望他能在一个团队中学习。到学校之后他们发现那里全是模式化的东西,孩子不感兴趣。他们也意识到这不是孩子需要的学校,于是提前离开学校又回到家里的画室。这是他们的第一次选择。

六岁时,孩子该上小学了,让他去哪所学校好呢?父母为此动了一番脑筋。很多朋友都说杨博元画得这么好,应当去一所名校,而父母却纠结得很。去名校,名声倒好,但他们更看重的是学校要有利于孩子的发展。学校学习成绩抓得紧,但牺牲了孩子的爱好值得吗?为了尊重孩子的爱好,他们思来想去还是决定就到附近的一所小学,虽说名气不大,但环境宽松,办得有声有色。(图9-4)

将近一年的学习生活,杨博元的绘画有了新的提高。这次杨博元办画展,班上的小伙伴前来祝贺,班主任老师和小班长发表了热情的贺词,看来,父母这第二次的选择也是对的。

三、新的要求

杨博元在宣纸上画了几年后,父母让他接触了一种新画法——在瓷板上作画,这是对杨博元的新考验。为此,假期里父母把杨博元带到景德镇,住在镇上,每天去窑边作

图9-2
经常带孩子看美术作品展，是懂得美术的家长特别注重的。多看展览的孩子眼界就是宽广。（侯斌提供）

图9-3
杨博元画的国画，不是临摹的作品，是看了一幅国画作品之后凭印象，再加上自己的创作完成的。

图9-4
许多校外美术学校，总是给家长组织一些活动，如报告会、展览，不断提高家长对美育的认识。为孩子选择适宜的学校和校外美术教育机构的确很重要。

画。（图9-5、图9-6）

在瓷板上作画的感觉和宣纸大不一样，特别是画在瓷板上的颜料烧制后色彩会发生变化。杨博元的父母还是老样子：让孩子"自己看"，不给他讲色彩的理论，一次次地让他试着调色，观察烧制后颜料色彩的变化，直到满意为止。每一次都要花四五天甚至七八天时间。之后，父母又让他尝试画白瓷瓶，杨博元由不熟练到熟练，由画小瓶子到画大瓶子，总是一挥而就，很有气势。当展览开幕时，看到这些作品，不了解内情的人很难相信这是出自一个七岁孩子之手。我和两位家长交流后明白，"熏陶"是他们基本的教育理念。当然，作为专业美术工作者他们知道怎么去熏陶，用什么去熏陶，这正是他们的优势。

而有些懂得美术的家长，在教育孩子的问题上却总喜欢用专业的眼光看待孩子的作业，看待他们的成长。孩子写生，他们蹲在一旁指手画脚，不给孩子留下思考、创造的空间。"树是这样的吗？你怎么不好好看看！"看到孩子画的不太理想，就立刻按照成年人

图9-5
杨博元在瓷板上的创作,这是他在材料上的一种新尝试。

图9-6
最近几年,景德镇云集了许多陶艺家和前来游学的孩子,他们在陶艺培训基地工作、学习,使我国古老的陶艺焕发了青春的活力。

的眼光动手给孩子改画。孩子很小就接受专业的方法训练,在家画素描、速写、色彩,或者临摹传统国画。鼓励学习要刻苦,恨不得让孩子"头悬梁,锥刺股"。

我并不完全否定用专业的方法培养孩子。但时代变了,应当符合儿童的心理需求,鼓励他们自己去探究,并且在一个群体环境中成长最为理想。以学习国画为例,以前的孩子学国画从临摹《芥子园画传》起步,后来变成临摹牡丹、山水起步。但现在凡是国画教学做得好的老师或家长,都是带孩子去写生、旅游,适当临摹一些名家作品(不仅仅是古画),再加上欣赏活动,让孩子总处在一个学习和探究的状态中,而不是一味地强调刻苦出成绩,不要让孩子的美术学习处在一种精神压力之中。

也有这样的家长,他们因为具备美术专业知识或从事美术教育,看到老师的教学有值得改进的地方,就和老师进行沟通,提出自己的看法,有的家长还主动为老师提供讲课的资料,拿出自己珍藏多年的作品、实物,让孩子观摩,把自己融入老师的教学工作之中,这样的家长很受孩子的欢迎。还有的家长听到孩子对老师教学有负面的议论后,即时纠正孩子错误的看法,引导孩子尊重老师的教学,不随便议论。如果确有必要,有的家长会善意地向老师提出孩子的建议,帮助老师纠正不足。这样一来二去,家长和老师还成为好朋友,老师在教学中遇到问题也主动与家长交流沟通。这是一种很好的状态。看来,家长有专业美术知识,就能更好地对孩子进行指导,能更好地与老师合作。但前提是,家长也要不断地学习,学习美术教育的新理念,学习儿童绘画心理的理论,把它们和美术专业知识结合起来,就能让孩子有更好的发展。

10

如何提高孩子的人文素养？

拾　如何提高孩子的人文素养？

培养孩子的人文情怀，涵养他们的人文精神，是家庭美育的一个重要内容，而且它还和审美紧密相连。

《意见》指出的学校美育课程以审美和人文为核心，以创新能力培育为重点，虽然说的是学校的美育课程，其实也是给家长一个很好的提示。虽然没有系统的家庭美育课程，但是在美育实践中，也要把握好文件指出的美育课程的核心与重点，安排好家庭美育的内容，提高孩子的人文素养就是应当关注的问题。

一、什么是人文？

谈起人文，很多家长一定会问，什么是人文？人文这个词现在说得很多，家长听得也不少。但到底什么是人文，对有些家长来讲还真的很难一下子说清楚。

我们的先人把世界看成两个"文"，一个是人世间，称为人文。一个是天上，也就是人之外的自然界，称为天文。"文"在这里是指"自然界或人类社会的某些现象"。"人文"，就是"指人类社会的各种文化现象"[①]。当然，我们所说的这种文化现象是一种广义的文化现象，从社会制度到法律、从节庆到学校，从艺术到礼仪，从科学到宗教……都是文化现象。人和动物的本质区别就是人有文化，而动物没有。所以，人文素养的实质指的是文化素养。或者用英国美术史学家贡布里希的话来说，就是培养人的"文明感和历史感"。

二、审美，是人特有的一种文化素养

春天来了，我们带孩子到公园看牡丹花、拍照，欣赏它的高贵、典雅，向孩子讲解古人的"国色天香"的赞誉之词，引导孩子欣赏齐白石、于非闇、王雪涛等画家笔下的牡丹，这就是一种人文素养，因为它已不单是一种对自然之美的欣赏。觉得牡丹花好看，还只停留在审美的较低的层面，把牡丹花的欣赏和艺术结合起来，和古诗结合起来，和摄影结合起来，就有了文化的眼光。你要做到这点，就必须知道齐白石和于非闇笔下的牡丹（图10-1）各有什么样的艺术特色，才能让孩子领略到表现牡丹的写意画和工笔画

[①] 中国社会科学研究院语言研究所词典编辑室. 现代汉语词典. 北京：商务印书馆，2012 第6版.

图10-1

于非闇画的牡丹雍容华贵，再加上他的瘦金书题字，更显牡丹高雅、艳而不俗的气质。对此，家长应让孩子认真体会一些牡丹作品中有格调高低之分，特别是一些艳俗的商品画，应让孩子学会分析比较。

的区别与奥妙。只有读一些赞美牡丹的诗句，才能让孩子了解诗人对牡丹的不同评价，开阔他们的思路。"国色天香"，"国色"出自刘禹锡的"唯有牡丹真国色，花开时节动京城"。这会让孩子了解到牡丹花开时节京城轰动的情景，让他们多了几分想象。不过，也有的诗人有"逆反"心理，宋朝诗人王溥就是从反向的角度写牡丹的："枣花至小能成实，桑叶虽柔解吐丝。堪笑牡丹如斗大，不成一事又空枝。"这种对牡丹的批判态度，令人大开眼界。读给孩子听，让他们知道古人早就有批判性思维，这也是一种文化的传递。

同样是赏花，有的人停留在花外在的色彩上，有的人就可以深入到文化的层面，体验到文化的内涵，这就是人与人之间人文素养的差距。

如果孩子学习绘画和书法，在欣赏牡丹花之后，画一幅牡丹的写意画，题上"国色天香"四个字，挂在墙上，为家庭营造一种文化氛围，就是对传统文化的学习和传承。人文素养不是凭空而来的，是靠家长的引导和孩子学习才能得到的。《辞海》说的好，素养是"天天习得的修养"。这里没有先天的因素，只能靠后天的努力，而家长为孩子创造学习的条件是至关重要的。

三、懂得提高人文素养，就让家庭美育多了一种非常重要的思路

谈到孩子人文素养的提高，就要谈到人文精神的涵养问题，这也是我国中小学《美术课程标准》中提出的美术课程目标之一。

什么是人文精神？这可能是另一个让家长感到不解的问题，因为对人文精神有许多不同的论述角度：中国的、外国的，哲学的、文学的，宗教的、历史的。但不管它有多少的定义，终归是一种精神。对这种精神有必要从中外文化和历史中加以认识。

人文精神成为一个概念，还是从意大利文艺复兴时期开始的，它是一个特定历史时期的产物，充分表达了当时社会中人性的觉醒。（图10-2）

在《意大利人文主义》一书的译序中，作者归纳了意大利人文主义的以下几个特征：

（1）人文主义者反对神主宰一切的观念，宣扬人是万物之本的思想，主张在进行自然科学研究的同时，也应当加强对人的研究。

（2）揭露教会的腐败，反对禁欲主义和隐逸生活。

（3）人文主义者重视研究历史和继承古代文化遗产。

图10-2 米开朗基罗的《创造亚当》,是意大利文艺复兴时期的巨作之一。表现了上帝正把手伸向亚当,向他传递力量,帮他站立起来的一刹那。

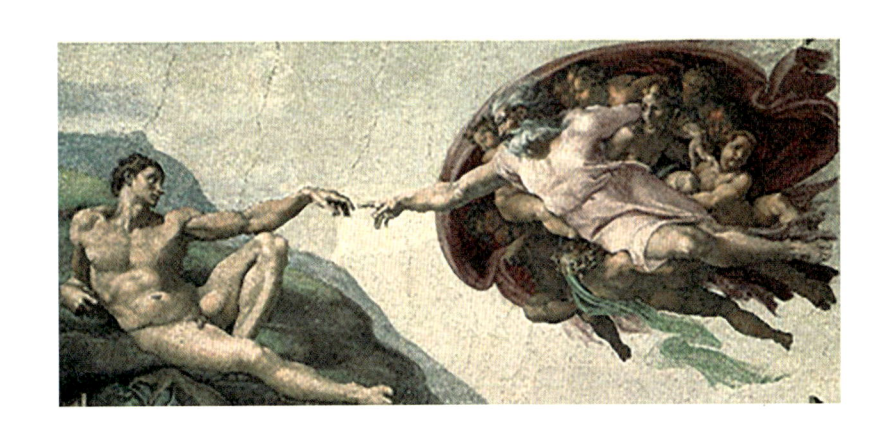

(4) 人文主义者重视文学、语言学和修辞学。

(5) 主张探索自然,研究科学,崇尚理性、智慧和从经验得来的知识。

(6) 主张"爱人"和为祖国、社会做出贡献。"①

这是意大利人在文艺复兴时期反抗神权的斗争中表现出来的人文精神。

中国的人文精神是什么呢?有人认为中国没有人文精神。可能吗?中华文明有着五千多年的历史,自秦以来,有着丰富的文化积淀,怎么会没有人文精神呢?有文化,就有人文精神。完全用欧洲的人文精神替代中国的人文精神是不可取的,这个问题在学术界有过很多的争论。在2017年中共中央办公厅、国务院办公厅联合下发的《关于实施中华优秀传统文化传承发展工程的意见》中,对中华人文精神有了一个明确的界定:"中华人文精神。中华优秀传统文化积淀着多样、珍贵的精神财富,如求同存异、和而不同的处世方法,文以载道、以文化人的教化思想,形神兼备、情景交融的美学追求,俭约自守、中和泰

---

① 【意】加林:《意大利人文主义》,李玉成译,北京:生活·读书·新知三联书店,1998年版,译序。

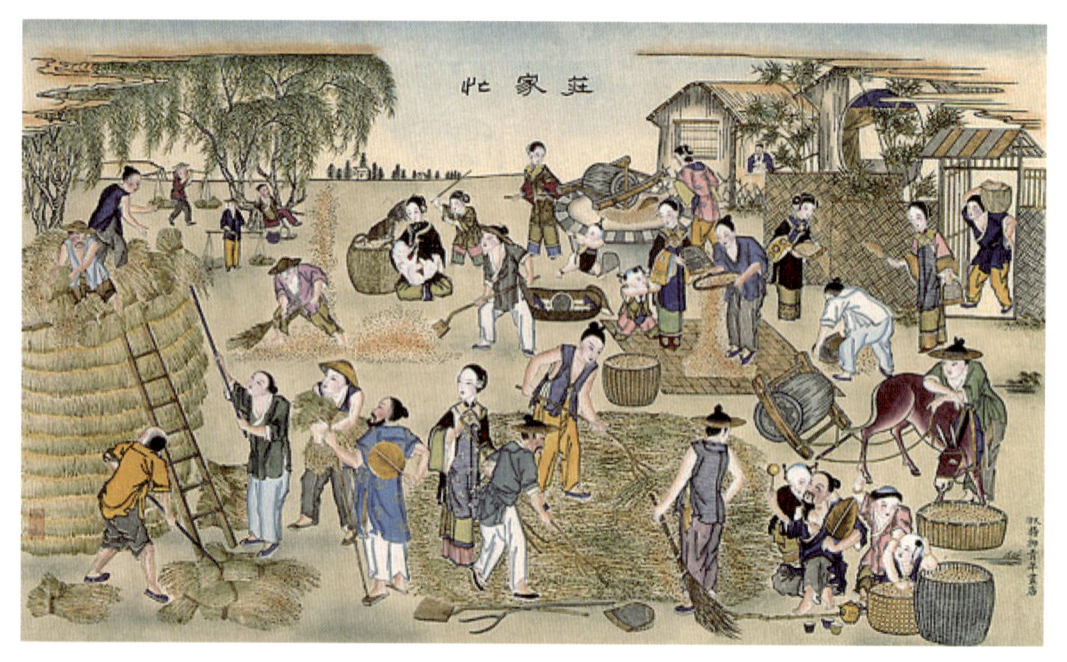

图10-3
杨柳青年画《庄家忙》,生动地刻画了丰收时节全村人忙碌农活的情景,表达了我国人民勤劳致富,对美好生活的向往。

和的生活理念等,是中国人民思想观念、风俗习惯、生活方式、情感样式的集中表达,滋养了独特丰富的文学艺术、科学技术、人文学术,至今仍然具有深刻影响"。(图10-3)

家长应当认真学习这段话,因为我们在前面说的社会美,也就是孩子在学习过程中观察到的许多社会现象。让孩子走进博物馆,让孩子读书,都是培养他们人文情怀、涵养人文精神的好方法。

图10-4
农村留守儿童每天放学之后,回家要生火做饭、喂猪、喂鸡,有许多的家务活要干。(李影摄)

图10-5
看到山区的孩子穿着一双破旧的鞋在做课间操,很多城市里的孩子都想到自己有许多名牌的鞋子还不知足!很惭愧!(李影摄)

南京的李老师带着她十岁的儿子去贵州支教,孩子亲眼看到农村留守儿童的生活状况,给了他极大的震撼。他们一起玩耍,一起爬山、打草,几天就成为很好的朋友。回到南京,他给贵州的孩子寄去几双球鞋,孩子收到后还给他回信表示感激之情,让他也很受感动。(图10-4、图10-5)

从小让孩子有机会接触农村,接触社会民众(图10-6),让他们看到我们的国家还

图10-6
四川阆中的老镇上，一支由老年人组成的拜年队伍，为古镇增添了春节的喜庆氛围。（王正端摄）

是一个发展中的国家，还有很多欠发展地区让他们感到自己的未来还有很多的工作要做，这是最生动的培养他们的人文情怀的教育。青岛一位中学校长对我讲过，他组织全校的高中学生去贵州"研学"，深入农民的家里，看到贫困的山村，走访留守儿童家庭后，学生们说："没想到21世纪还有这样的家庭。"这大大激发了他们的社会责任感。校长说这是任何一种教学模式都解决不了的，只有研学才能解决。去一次贵州，学生一下子就明白了什么叫为人民服务，什么叫扶贫政策，什么叫国家战略！

现在的孩子从小就过着无忧无虑的生活，很难理解父辈们创业的艰辛历史，有的对"家乡"几乎没有什么概念，这对他们的成长很不利。家长有机会一定要带孩子回家乡，让他们看看父辈们小时候住过的老房子，读书时的破旧教室，爬过的大树，认一认家乡的亲戚、老街坊，了解家族奋斗的历史，都是一种很好的教育。一位老师和我讲过，2017年春节前她爸爸带她回苏北的农村老家。当她走进已过世多年的爷爷奶奶的房间时，看见她上中学时临摹吴昌硕的《瑶池仙果图》还挂在墙上！叔叔告诉她，爷爷一直逢人便说："我家有一个能画画的孙女，现在在艺术学院学画呢！"算起来，这张画在这里挂了近三十年，爷爷一直没有舍得把它摘下来。而自己参加工作后就再也没回过老家，感到对不起爷爷。她说："我回老家是'寻根'去，看到小时候熟悉的小路、打麦场、村边光秃秃的树，一种浓烈的'乡愁'涌上心头……我为家乡、为老一辈人做的事情太少！如果我忘记了父辈们奋斗的历史，忘记了他们对我的寄托，就真的会成为北大教授钱理群讲的那种人——'无根'的人！"

"深入开展'我们的节日'主题活动，实施中国传统节日振兴工程，丰富春节、元宵、清明、端午、七夕、中秋、重阳等传统节日文化内涵，形成新的节日习俗"这是《意见》中的一段话。通过参加中华传统节日的庆祝活动，也是涵养学生人文精神的另一个很重要的途径。因为在这些活动中，始终贯穿着中华民族向往幸福吉祥、缅怀先人、家和万事兴、爱老敬老的理念。这种理念是孩子在享受着全家人的团聚，领着长辈们给的红包，享用着美食，穿行在彩灯中，或令人难忘的祭奠仪式中能够体会到的。这正是现代美育的一个特点，即它们的丰盈的感性和艺术的形式容易被孩子接受。孩子几乎是在游戏和美的愉悦之中接受节庆的文化内涵，受到了应有的教育。（图10-7）

人文和审美是相互渗透的。学生们在研学中，看到贵州贫困山区旧房子并不美，看到留守儿童穿着露脚指头的鞋也不美。但是，他们在那些孩子的身上看到真诚，被他们的朴实所打动。他们之间会建立起一种纯洁的友谊，这就是一种人文之美，社会之美。因为,"审美是人文的"(李一凡)。只有人才会审美,才会发现美,才会把事物转化为"意义形象",这就是审美的积极作用。所以,无论是在节庆中,还是在孩子接触到底层的劳动人民过程中,他们都会通过美的娱乐形式(春节的舞狮、腰鼓,元宵节的彩灯),又或是美的精神体现(朴实与勤劳)转化为人文情怀。让孩子从小就有向真、向善、向美、向上的精神追求,长大成为一个有着高素质的现代公民,这才是"提高学生审美和人文素养"的真正意义。

图10-7
通过参加节庆活动,让孩子理解节日的文化内涵,是培养他们人文情怀与人文精神的重要途径。